Le Journal de moi... papa

W0409119

Remerciements

de Benjamin Buhot

Je remercie ma femme, championne du monde toutes catégories confondues en fabrication de miniatures, pour son amour et son soutien ainsi que nos deux extraordinaires filles qui sont d'inépuisables sources de bonheur et d'inspirction. Je vous aime.
Merci à mon papa qui a placé la barre bien haut sur l'échelle de la perfection paternelle et merci à ma maman qui a élevé ses six enfants avec tant d'amour et de patience.
Merci à Fred pour son expertise, ses précieux conseils et sa bonne humeur.
Je ne pouvais espérer meilleure camarade d'écriture pour une première expérience.
Merci à Astrid pour ces délicieuses illustrations. J'en rêvais depuis si longtemps !
Merci à Catherine et Nathalie pour la confiance accordée.
Je réalise encore à peine la chance qui est la mienne.

de Fred Corre Montagu

Je remercie Catherine qui m'a fait confiance dès notre première rencontre et Nathalie pour son implication et son grand souci de perfection.
Un énorme merci également à Benjamin qui a bien voulu être mon sparring partner et qui m'a fait découvrir les joies du travail à deux.
Nos séances de ping-pong quotidiennes me manquent beaucoup.
Merci aussi à Astrid qui a accepté de se joindre à la dream-team malgré son planning surchargé.

Direction de la publication :
Isabelle Jeuge-Maynart et Ghislaine Stora

Direction éditoriale : Catherine Delprat
Émilie Franc pour la présente édition

Direction artistique : Géraldine Lamy

Édition : Nathalie Cornellana

Couverture : Anna Bardon
Claire Simonet pour la présente édition

Adaptation graphique et mise en page : Laurence Henry

Illustrations : Astrid M
(Pages 9, 12, 27, 35, 47, 60, 71, 79, 89, 105, 121, 125, 144, 155, 161, 173, 181, 199, 215, 223)

Fabrication : Émilie Latour

Benjamin Buhot
et Fred Corre Montagu

Le Journal de moi... papa

LAROUSSE

PRÉPARATION ceinture blanche

Les neuf mois d'avant

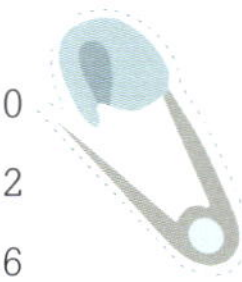

PRÉPARATION ceinture jaune
La première année

PRÉPARATION ceinture orange

La petite enfance

PRÉPARATION
ceinture blanche
Les neuf mois d'avant

‹ 1 ›

Le jour où tout bascule

Chéri, j'ai une grande nouvelle à t'annoncer !

“ Dimanche. Il est 8 h 30 environ. Nous nous réveillons doucement d'une nuit réparatrice. Nos regards se croisent et, dans nos yeux, nous lisons la même impatience. Est-ce que cette fois sera la bonne ? Est-ce que ce foutu trait va apparaître ? Est-ce enfin le premier jour de notre nouvelle vie ?
Ma femme s'éclipse avec le test en main. Je reste au lit et j'attends... C'est long. C'est vraiment long ! Quand elle revient enfin, je vois à son sourire que l'embarquement est immédiat.
Wow... ça y est !

LES TRUCS À NE SURTOUT PAS DIRE !

- ☆ À ton âge, c'est pas un peu risqué ?
- ☆ Non, tout mais pas çaaaaaa !
- ☆ Déjà ?
- ☆ En fait, j'ai changé d'avis.
- ☆ Ah, trop drôle !
- ☆ Mais alors, tu vas perdre ce corps de rêve !
- ☆ Mais... on va faire comment pour le sexe ?!?

Je suis comme celui qui attendait ce jour depuis des mois et qui est sur le point de sauter à l'élastique. Je suis heureux. Je sais que je vais surkiffer. Mais je réalise l'immensité du vide sous mes pieds et le fait que je vais confier ma vie future à ces quelques fils élastiques. Comme un cordon.
Tiens, on dirait que ça nous fait déjà un point commun... »

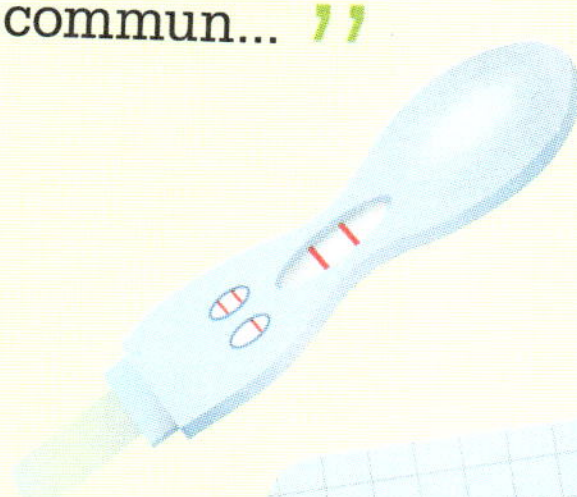

Une réaction à retardement

Malgré la dizaine de tests (tous plus positifs les uns que les autres) alignés sur la table, vous n'y croyez pas !!! Ne vous inquiétez pas, elle non plus, car difficile à partir d'une croix ou d'une ligne bleue d'imaginer que la fabrication de la 8e merveille du monde est lancée. Vous allez mettre d'autant plus de temps à réaliser que, physiquement, vous ne ressentirez rien, contrairement à la future maman. Mais ça viendra petit à petit à condition, bien sûr, de vous intéresser un minimum à ce qui va se passer à partir de maintenant.

‹ 2 ›

De sirène à baleine

Une femme prend en moyenne 10 à 15 kilos pendant la grossesse

" Toutes les semaines, nous avons fait une photo du ventre, de profil, pour pouvoir comparer son évolution. Et nous avons fait la même chose pour celui de ma femme… Ha, ha, ha, trop drôle ! Nous ne l'avons fait que pour le sien, bien entendu.

Au tout début, je dois avouer que la partie de son anatomie qui prenait le plus de volume était légèrement au-dessus de la zone visée. Mais, au fil des semaines, c'est son ventre qui a pris des proportions impressionnantes. À tel point que, vers le 8e mois, nous aurions presque pu douter, comme d'autres personnes, du nombre d'enfants qui se cachaient là-dedans.

Autre détail important et qu'on omet souvent de préciser : j'ai également noté que, au fil des mois, **l'augmentation du volume ventral est inversement proportionnelle à celui de la patience maternelle.**

– Dites, vous attendez des jumeaux ou quoi !?

– Non mais je suis sujette à l'aérophagie et là tu me gonfles !… "

LE MOT SAVANT DU MOMENT

Aménorrhée : terme employé par les blouses blanches pour calculer la durée de la grossesse. Pour faire simple, c'est deux semaines de moins que votre mode de calcul à vous (c'est-à-dire le jour où un de vos petits spermatos a décroché le pompon). Donc 6 semaines d'aménorrhée = 4 semaines de grossesse.

La grossesse ? C'est que du bonheur !

LA FUTURE MAMAN...

1er mois : Elle a des coups de pompe soudains, elle est sensible aux odeurs, elle refuse que vous touchiez ses seins car « c'est bizarre, ils sont hypersensibles »... et un jour, **elle réalise qu'elle a du retard !**

2e mois : Elle regarde beaucoup son ventre dans la glace, style : « Ça se voit, non ? Ça se voit ? » Elle achète des tas de bouquins spécialisés... et, tous les matins, c'est le rush la tête la première dans la cuvette des toilettes.

3e mois : Elle a des **crises d'angoisse** à la pensée de ce qui l'attend (la prise de poids, l'accouchement, la responsabilité d'élever un enfant...). Ça tombe bien, vous aussi !

4e mois : Elle a **pris des formes** et ça lui va bien. Par contre, pour être à l'aise, elle doit troquer ses petits strings en dentelle contre des bonnes et robustes culottes en coton... et ça lui va beaucoup moins bien !

5e mois : Elle est « chaude bouillante » comme la braise et ne pense qu'à ça. **Profitez-en,** ça ne va pas durer. Tiens d'ailleurs, c'est déjà fini car le bébé vient de lui balancer un coup de pied désapprobateur !

… MOIS APRÈS MOIS

6e mois : Elle **fait chauffer dangereusement la carte bleue** et ramène par camions entiers des vêtements de grossesse et de bébé, des peluches, des jouets et du matériel dont il y a encore quelques semaines vous ne soupçonniez même pas l'existence.

7e mois : Elle angoisse parce que vous n'avez pas encore trouvé le prénom du bébé/elle a peur de rester « grosse comme ça » toute sa vie/elle a tout le temps mal quelque part… Bref, **c'est la super forme** !

8e mois : Elle râle parce qu'elle n'arrive plus à dormir/à monter les marches/à se baisser/à mettre ses chaussettes/à faire 5 mètres sans être essoufflée, et parce que : vous ne comprenez rien à rien/vous n'êtes jamais là/vous êtes constamment sur son dos/vous n'êtes pas hyperenthousiaste à l'idée d'aller faire les cours d'accouchement avec elle/vous n'avez pas terminé de décorer la chambre de bébé…

Courage, ça va passer.

9e mois : Elle se sent tellement lourde de partout qu'elle voudrait accoucher là, maintenant. Alors en attendant, elle gît sur le canapé jusqu'au jour où elle aura une subite envie de faire les carreaux. Et ce jour-là, vous avez intérêt à être dans les parages !

Quel chambardement, quand même !

3

De poussière d'étoile à bébé

9, 8, 7, 6, 5, 4, 3, 2, 1... sortez !

“ **9 mois.** Il suffit de 9 mois pour passer de la première division de cellule à cet être miniature au complet. C'est fou quand on y pense. Je crois que je ne cesserai jamais d'être émerveillé par ça. À commencer par le « tchounk-pou-pounk » qui tourne en boucle quand le haut-parleur de l'échographe révèle les battements de son cœur. Et puis, plus tard, les traits de son visage qui apparaissent sur l'écran ; les doigts qu'on compte pour être sûr qu'il n'en manque aucun. Ses premiers mouvements perçus par ma main. Les incroyables cabrioles qu'il fait en poussant de toutes ses forces avec ses pieds ou je ne sais quelle partie de son corps au point d'en déformer le ventre de ma femme. **9 mois de fabrication pour réaliser un tel chef-d'œuvre. Ce n'est pas si long, finalement*.**

*NB : Évitez de lâcher ça devant votre épouse en fin de grossesse. Vous risqueriez gros. Très gros. ”

Alors comme ça,
les 3 derniers mois,
il multiplie son poids par 3 ?
Et tout le monde s'extasie.
Le veinard !

Ses mensurations mois par mois (moyennes)

	Taille	Poids
1 mois	2 à 5 mm	Plume
2 mois	3 cm	2 à 3 g
3 mois	12 cm	65 g
4 mois	19 cm	200 g
5 mois	26 cm	500 g
6 mois	33 cm	900 g
7 mois	37 cm	1,8 kg
8 mois	43 cm	2,2 kg
9 mois	50 cm	3,3 kg

Comme ça,
je le visualise
mieux !

VOTRE FUTUR BÉBÉ…

1er mois : Il ressemble à un haricot en train de germer, mais – incroyable – **son petit cœur bat déjà** (vers le 22e jour).

2e mois : Il a une tête énooorme genre extraterrestre et il commence à bouger les jambes et les bras.

3e mois : Ce n'est plus un embryon, mais un fœtus. Tout de suite, ça fait plus sérieux, non ? D'ailleurs il commence à ressembler à un petit d'homme et non plus à un petit Martien. Comme il a maintenant des os et des articulations, il s'agite comme un beau diable et prend l'utérus de sa maman pour un trampoline. Et, ça y est, si c'est un garçon, son zizi est formé. Alors . . . fille ou garçon ? L'échographiste devrait pouvoir vous le dire.

4e mois : Ses jambes ont grandi et sont maintenant plus longues que ses bras. **Il entend les bruits et est sensible à la lumière,** donc fini les fiestas jusqu'au bout de la nuit. . . ou pas ! De toute manière il dort tellement qu'il récupérera vite (lui !).

5e mois : Tout pousse : ses poils, ses cheveux, ses ongles . . . **Ses sens aussi se développent :** le goût (« miam, qu'est-ce qu'il est bon, ce pouce »), le toucher (« c'est à moi tout ça ? ») et l'ouïe (« qu'est-ce qu'elle fait comme bruits bizarres, ma maman ! »).

… MOIS PAR MOIS

6ᵉ mois : Ça y est, il a compris que la grosse voix qu'il entend parfois n'appartient pas à sa maman mais à quelqu'un d'autre : vous ! Et il réagit aussi aux bruits forts au point de sursauter quand une porte claque. Mais le plus important, c'est qu'**il réagit enfin au toucher :** c'est donc le moment rêvé pour commencer l'haptonomie.

7ᵉ mois : Même s'il y a encore plein de finitions à faire, **votre bébé est viable,** c'est-à-dire qu'il vivrait s'il naissait maintenant. Mais mieux vaut qu'il reste encore au chaud quelque temps. À partir de maintenant, il va essentiellement faire du gras pour être tout beau tout rond à la naissance.

8ᵉ mois : Il a **tellement grandi et grossi** qu'il ne peut plus beaucoup bouger. Alors il passe le temps à écouter ce qui se passe dehors en suçant son pouce… et à emmagasiner des souvenirs.

9ᵉ mois : Sa croissance ralentit, mais pas sa prise de poids, au grand dam de la maman qui a maintenant l'impression d'avoir un ballon de basket dans le ventre. Et un jour, il se décidera enfin à vous montrer son joli minois !

‹ 4 ›

Le grand flip...

« Autant j'avais une bonne visibilité sur le genre d'homme que j'étais, autant la vision du père que j'allais devenir était aussi claire qu'une notice de montage en mandarin traditionnel. Malgré tout, dès maintenant et encore plus dans 9 mois, il allait falloir assurer.
Bon, en même temps, je veux bien assurer, mais à quoi vais-je bien servir pendant ces 9 mois ? À part courir chercher des fraises en pleine nuit pour assouvir une envie urgente comme dans les films, je ne vois pas bien. Et même plus tard. Vais-je être un « bon père de famille » ? Vais-je savoir aimer cet enfant comme il en aura besoin ? Comment sait-on si on fait les bons choix d'éducation ? Purée, j'angoisse déjà...

Expire, inspire. Tout va bien se passer. De toute façon, ce n'est que le début. J'ai encore du temps devant moi. Han... et si on découvre un truc chelou à l'échographie, qu'est-ce qu'on fait ? *Deux, quatre, six, douze doigts ! Y en a un peu plus, j'vous le laisse quand même ?*

Expire, inspire. Ça va bien se passer.

Certes, je le voulais cet enfant, mais c'est quand même un peu flippant tout ça !

J'arrête mes visites hebdomadaires chez Micromania. Gain réalisé : 60 euros par mois, soit 3 paquets de couches.

Et l'équipement ? J'ai vu une liste des trucs à acheter et ma calculatrice interne s'affole. Je sais qu'il y a la prime de naissance versée par la CAF, mais est-ce qu'on va réussir à gérer financièrement ?

Expire, inspire.

Et même après. Sa nourriture, les loisirs, ses études, sa voiture, son premier logement étudiant, son mariage... »

Chérie ? On a combien sur le PEL ? Mais non, je ne fais pas une crise d'angoisse. Je respire fort. C'est tout !

C'est normal d'avoir peur.

Vous voilà embarqué dans une nouvelle aventure dont vous ne connaissez pas les règles et dont vous ne maîtrisez pas les codes. Mais faites-vous confiance... à tous les deux. Et, surtout, parlez à votre femme pour trouver des solutions... ou en rire ensemble !

MES PLUS GRANDES FROUSSES

- Que mon bébé ait 6 doigts.
- Que mon bébé ressemble à ma grand-mère paternelle (un vrai dragon !).
- Que ma femme fasse une fausse couche.
- De louper l'accouchement.
- D'assister à l'accouchement.
- D'être un mauvais père.

Et tant d'autres...

< 5 >

Comment m'impliquer sans trop en faire non plus ?

« J'aurais pu faire comme certains mecs et ne m'intéresser à la grossesse de ma femme que le jour de l'accouchement. En même temps je peux comprendre que, face à un sujet dont on ignore tout, on puisse avoir envie de le zapper complètement. Ça me fait la même chose quand on parle mécanique auto.
Oui, j'aurais pu, mais… ce n'est pas dans ma nature et j'ai plutôt décidé de combler mes lacunes **en cherchant les infos** là où elles étaient : livres sur la grossesse, sites Web spécialisés… **J'ai même ouvert mon propre compte sur un forum de discussion** pour échanger sur le sujet avec quelques futurs papas et 98 % de futures mamans.
En revanche, j'ai su rester discret quand les thèmes passaient un certain seuil dans l'intimité et zapper certains sujets du genre : « Pertes marron. Dois-je m'inquiéter ? »
Et franchement, je ne le regrette pas.
Vraiment. »

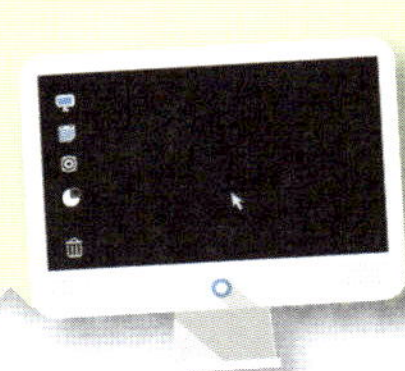

Ben oui, je m'implique : je lis ce livre !

J'voudrais bien... mais j'peux point !

Pas facile de se sentir concerné quand les seuls changements notables dans votre vie de tous les jours sont l'accumulation de livres, de magazines et de catalogues... l'humeur en dents de scie de votre femme et son ventre qui commence à s'arrondir. En plus, ce coquin de bébé s'arrête de bouger pile au moment où vous essayez de le sentir ! Déjà rebelle !

Idées pour se mettre en mode « papa »

1 Demandez à la future maman de vous expliquer ce qu'elle ressent.

2 Soyez compatissant quand elle est à la ramasse physiquement et intellectuellement (et ça va vite arriver !!!).

3 Bourrez le frigo de ses mets préférés du moment.

4 Allez aux rendez-vous médicaux importants avec elle.

5 Impliquez-vous dans les préparatifs : choix du prénom, achats de vêtements et de matériel, décoration de la chambre...

Un jour, le déclic viendra !

Tout ça reste très abstrait pour vous ? Ne vous inquiétez pas, ça changera : à la première échographie, en le sentant bouger, à la naissance, quand vous le tiendrez dans vos bras pour la première fois, quand il vous sourira...

‹ 6 ›

Quand et comment faut-il l'annoncer ?

« Lâcher mon téléphone ? Mais, pourquoi ? On a vérifié avec trois tests de grossesses différents et on a toujours eu le même verdict : tu es enceinte ! Il faut absolument que je prévienne ma mère, mon pote Julien, la boulangère… »
– Holà, tu te calmes tout de suite, m'a répondu ma femme. Car même si tu as envie de crier sur tous les toits que tu es un bon planteur de graines, il est plus prudent d'attendre avant d'alerter la terre entière. »

J'ai obtempéré. D'une part parce qu'on doit **prendre le temps de savourer ce moment fort ensemble,** et d'autre part parce que les trois premiers mois de grossesse étant des mois « à risque », il est plus prudent d'attendre que ce délai soit passé pour officialiser la chose.
En plus, on ne contrarie jamais une femme enceinte. JA-MAIS.

Si vous envisagez de prendre un congé de paternité, sachez qu'il est accessible à tous les papas salariés. Il est de 11 jours consécutifs et doit débuter dans les 4 mois après la naissance du bébé. Il faut le demander au moins 1 mois avant la date du début du congé. Donc vous avez encore le temps !

Comment l'annoncer ?

- Attendre une réunion de famille pour faire l'annonce simultanée au plus grand nombre.

Avantage : On s'épargne 3 heures à téléphoner à tout le monde.

Inconvénient : On risque l'incident diplomatique avec Mamie Jacqueline, habituée à avoir l'info en exclusivité par ses autres enfants.

- Faire une petite vidéo sur YouTube et envoyer le lien par mail.

Avantage : Originalité, modernité et occasion idéale de montrer votre créativité.

Inconvénient : Passer 45 minutes au minimum à faire le SAV informatique pour que les anciens de la famille accèdent au film.

- Utiliser les réseaux sociaux.

Avantage : Tout le monde pourra laisser un petit commentaire sous votre publication pour vous féliciter.

Inconvénient : Tout le monde pourra laisser un petit commentaire désobligeant ou faire une mauvaise blague sous votre publication.

‹ 7 ›

Comment entrer en contact avec mon futur BB ?

« S'il y a bien une chose qui m'a frustré, au tout début, c'est de constater que les deux parents ne sont pas égaux en ce qui concerne les moyens de communication avec Bébé. Pour faire une métaphore 2.0, c'est un peu comme si maman avait la 4G plein pot et que papa devait se contenter d'une seule barrette en EDGE.
Malgré tout, j'ai su être patient et attendre quelques mois pour ressentir les premiers coups en apposant mes mains sur le ventre de ma femme, tel un médium sur son guéridon. Parler à un ventre peut paraître ridicule, mais c'est encore le moyen le plus adapté pour créer un premier contact : « Est-ce que tu aimes ton papa ? Un coup pour oui, deux coups pour non. » Euh… il a tapé trois coups ! Ça veut dire quoi ? »

La very bad idea

Prendre le ventre de la maman pour un djembé.

Posez bêtement la main sur le ventre de la future maman et attendez… attendez… Votre bébé finira peut-être par vous faire un signe de reconnaissance. Hey, man !

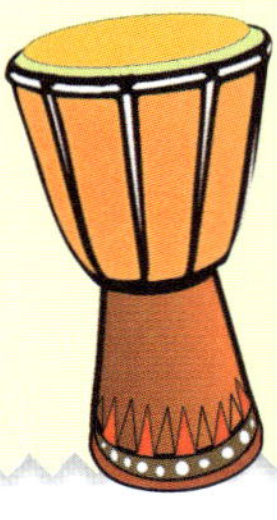

LE MOT SAVANT DU MOMENT

Haptonomie : en très simplifié, technique permettant de rentrer en contact avec le bébé en appuyant doucement sur le ventre de la maman. Dit comme ça, ça paraît très New Age et très barré, mais ça marche.

À partir du 6e mois, un bébé entend la voix de son papa. Alors parlez-lui normalement, c'est-à-dire sans chuchoter (il a des oreilles, pas des antennes radars à longue portée) ni hurler comme en plein vent sur une vasière. Un peu plus tard, les moyens de communication sont plus variés : haptonomie, chant prénatal, musique pour voir comment il y réagit.

‹ 8 ›

La première échographie

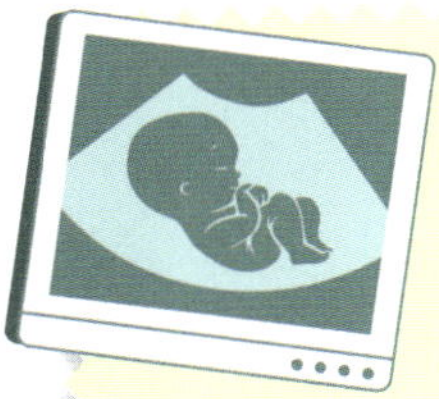

« On pourrait croire que la première échographie n'est pas la plus importante, voire même qu'elle est totalement inintéressante. C'est vrai, à quoi bon prendre un après-midi pour hanter la salle d'attente de l'échographiste en attendant une photo floue alors qu'il y a quelques jours le bébé était à peine plus évolué qu'un haricot rouge germé ?
Grossière erreur, jeune Padawan !

La première écho, c'est la première rencontre. Celle qui fait battre les cœurs. Le sien mais également le vôtre.
C'est celle qui vous révélera avec pas mal de précision la chronologie des événements.
C'est celle qui vous révélera (peut-être) si vous allez devoir peindre la chambre en bleu, rose ou taupe poudré.
C'est celle qui pourrait bien vous révéler en tant que père, surtout.
Moi, quand j'ai entendu les premiers battements de son cœur, j'ai pris une grosse claque émotionnelle et mes yeux, fixés sur l'écran de contrôle, n'ont pu retenir une petite fuite. »

La première échographie se passe entre la 9e et la 11e semaine de grossesse.

La première échographie permet, dans un premier temps, de voir s'il y a **un ou plusieurs bébés**. Ouais, je sais, c'est flippant ! Puis, une fois le décompte fait, le médecin vérifie que le bébé a tout ce qu'il faut là où il faut et fait toutes sortes de mesures (crâne, abdomen, fémur, clarté nucale…) pour vérifier **qu'il se développe bien** et **calculer la date de l'accouchement.** Ensuite, s'il a de bons yeux et si le bébé daigne exhiber son entrejambe, il pourra vous dire si c'est une fille ou un garçon.

LE MOT SAVANT DU MOMENT

Mesure de la clarté nucale : observation et mesure d'une tache claire au niveau de la nuque qui permet de déterminer les éventuels risques de trisomie. S'il y en a, la maman doit alors faire une prise de sang de contrôle.

« Et ça, c'est quoi ? Son zizi ?
– Euh, non, c'est sa jambe, monsieur. Son zizi, c'est ce tout petit truc-là. »

‹ 9 ›

Gros seins... trop bien !

« J'ai un pote qui était angoissé par la sexualité pendant la grossesse.
« Ça fait quand même bizarre de se dire qu'il y a quelqu'un dans le secteur. Dis, tu crois qu'il y a un risque que je lui fasse peur ou mal avec mon... ? »
Oui, oh, ça va... Vous pouvez vous moquer. Que le futur papa qui n'a jamais eu une pensée de ce genre me jette la première bière !
Ce qu'il faut savoir c'est que, non, même avec un sexe surdimensionné (inutile de mesurer, même Rocco n'est pas concerné), le risque de rencontre est nul. Bébé est parfaitement à l'abri de tout ça là où il est. Et c'est tant mieux.
Et concernant le désir sexuel pendant ces 9 mois ? Il est assez variable, autant chez elles que chez nous. **Il y a des périodes fastes** (merci les hormones) **et d'autres nettement moins fastes** (pas merci les hormones). Une chose est sûre, l'augmentation du volume de ses seins n'est pas l'effet secondaire qui devrait vous déplaire le plus. »

La very bad idea
Lui mettre la pression.

Le petit Kama-sutra de la grossesse

Les petites cuillères : comme dans la ménagère de Mémé
La levrette : sans grands coups de reins endiablés
L'Andromaque : elle à califourchon sur lui
En double lotus : assis l'un sur l'autre
Les caresses ciblées : on effleure, on palpe, on titille...
Les léchouilles : partout... et surtout là, en bas !

Tout ce que vous avez toujours voulu savoir sur le sexe

1 Le désir est fluctuant pendant la grossesse, aussi bien chez les femmes que chez les hommes.

2 Chez les femmes, il est souvent lié aux hormones avec, pour certaines, un pic fulgurant pendant le 2e trimestre alors que d'autres restent obstinément bloquées à – 30. Sans parler de la fatigue, des douleurs, du besoin de se replier sur elle et son bébé...

3 Chez les hommes, le désir est souvent lié à l'impact des changements auxquels ils assistent. Certains adorent voir leur femme s'arrondir. D'autres détestent ou flippent grave. Sans parler de la peur de faire du mal au bébé...

L'essentiel, si votre vie sexuelle se résume à « Waterloo, morne plaine », c'est de garder le contact par des câlins, des baisers, des caresses.

« 10 »

Ai-je le droit d'atomiser les lourdingues ?

« Comment tu fais pour t'habiller avec un ventre pareil ? »
« Tu devrais quand même y aller mollo sur les Pépito®. »
« Ça te va bien d'avoir des seins. »

« Dès que ta femme est enceinte, la plupart des gens considèrent qu'ils ont **le devoir de t'inonder de questions ou conseils.** Je ne sais pas si c'est une sorte de rite de passage pour faire de toi un père, mais c'est comme ça et c'est souvent lourdingue : « Tu vas couper le cordon ombilical ? Tu vas assister à l'accouchement ? Tu vas suivre les cours de préparation ? Tu trouves pas qu'elle est canon Shakira, enceinte ? » (Bon, OK, pour la dernière, c'est moins fréquent, j'avoue.)
Au bout du vingt-deuxième « Est-ce que tu vas couper le cordon ? », j'ai eu envie de répondre que la question ne se posait pas car nous avions opté pour le modèle sans fil mais, malgré tout, je suis resté aimable et me suis contenté d'un énième : « Je verrai bien en live. »
En revanche, concernant les lourdingues qui se permettent de toucher le ventre de ma femme comme on touche la bosse de Quasimodo pour se porter bonheur, c'est feu à volonté en regards et en mots cinglants !
Pas de pitié. »

« Touche plutôt à tes bourrelets, Michel ! »

PERMIS D'ATOMISER ACCORDÉ POUR…

- Ceux qui la charcutent pour une prise de sang… devant vous !!!
- Ceux qui font exprès de lire dans le métro pour ne pas lui laisser la place.
- Ceux qui lui passent devant à la caisse prioritaire.
- Ceux qui la regardent porter péniblement ses packs d'eau sans l'aider.
- Ceux qui touchent son ventre sans lui demander la permission (et pourquoi pas ses seins ?).
- Ceux qui, excités par la vision de ses formes, la draguent plus ou moins subtilement.
- Ceux qui nous balancent brutalement des horreurs genre : « Si ça ne marche pas cette fois-là, vous recommencerez. »
- Et le premier qui me demande si je vais manger le placenta !

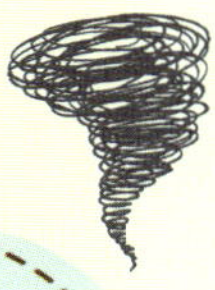

You're talking to me ? YOU'RE TALKING TO ME ?

Worst-of des choses entendues ici et là et adressées à elle, à moi, à nous !

- Il était temps, vu votre âge…
- C'est pas normal que vous attendiez un bébé et pas nous !
- Ah bon, tu n'es qu'à 4 mois du terme ?

« 11 »

Ma chérie n'est plus fun !

« Avant, je connaissais bien ma chérie. Mais ça, c'était avant.
Rapidement, j'ai eu l'impression d'être un de ces *people* envoyés en terre inconnue par Frédéric Lopez. Je ne connaissais ni la langue ni les rites ; je ne savais pas si j'allais commettre un impair en m'adressant maladroitement à l'autochtone au mauvais moment.
En même temps, je me suis mis à sa place et j'ai essayé d'imaginer dans quel état j'aurais été si j'avais eu un locataire dans le ventre et si le corps avec lequel j'avais toujours vécu semblait vouloir faire ce qu'il voulait, quand il le voulait.
Ce n'est pas facile d'être à ce point bombardée d'hormones. Finalement, les hommes ne sont que les victimes collatérales de ces bombardements. Le tout c'est de le savoir, d'attendre que ça passe et de porter un bon casque. »

La grossesse est un moment particulier dans la vie d'une femme car, soudain, elle se trouve au centre de l'attention. Certaines adorent ça, d'autres apprécient moins d'être réduites à :
- ❑ un utérus
- ❑ un simple ventre
- ❑ un objet d'étude pour la science...

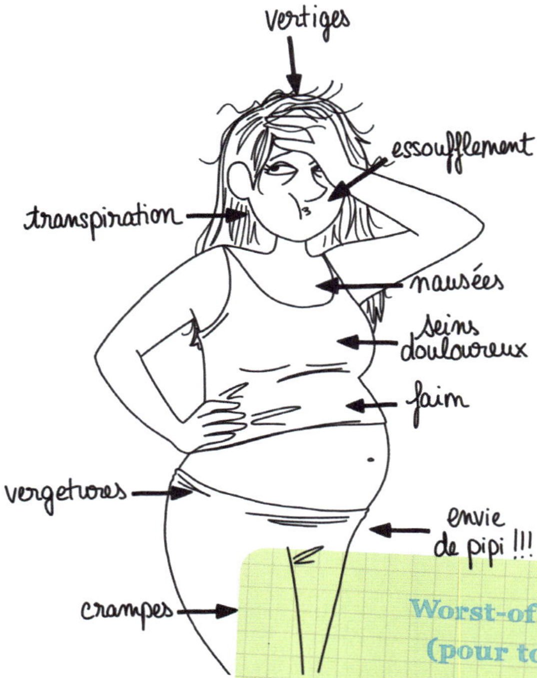

Complainte de la future jeune maman

Je vais avoir mal là, là, là et là…

Worst-of de la grossesse (pour toi, jeune papa)

- Des pleurs en pagaille et en série (et en hectolitres) pour tout et son contraire.
- 5 700 plaintes par jour qu'il faudra à chaque fois accueillir avec compassion.
- Des arrêts pipi toutes les demi-heures.
- Des sujets de conversation dont tu te passerais : les pertes louches, la grande question de l'écharpe de portage ou du porte-bébé physio, les vergetures…
- Des cadeaux bizarres histoire de te mettre dans l'ambiance… comme ce livre !
- Le pillage mystérieux des stocks de Ferrero.
- Des scènes de ménage parce que ton regard s'est négligemment posé sur les courbes parfaites de la voisine.
- Une baisse prodigieuse de son sens de l'humour, surtout en ce qui concerne la transformation de son corps.

On m'a changé ma Mimounette d'amour !

« 12 »

La deuxième échographie

22e semaine de grossesse.

« Pour rien au monde je n'aurais manqué ce deuxième rendez-vous, même si j'ai la trouille qu'il ne révèle un truc affreux, du genre qu'il lui manque 4 orteils au pied gauche, qu'elle ressemble à la tante Simone ou pire encore si c'est possible…

Je sais que ma femme a les mêmes craintes. Mais comme nous avons rendez-vous chez le meilleur échographiste de la région, l'équivalent des 3 étoiles Michelin version échographie, nous savons qu'il y passera le temps nécessaire et qu'il décèlera tout problème s'il y en a.

Sinon, j'ai vérifié 19 fois avant de partir que j'avais bien pensé à prendre le DVD-R et la clé USB pour que le doc immortalise la séance. Et je peux parier sans trop prendre de risques que nous allons regarder la vidéo dès que nous serons rentrés à la maison.

Notre enfant n'est pas encore né qu'il est déjà une star du petit écran. »

Oh, il suce son pouce !

À FAIRE MAINTENANT

- ☆ L'annoncer au boulot.
- ☆ Me mettre d'accord avec la future maman pour le prénom (c'est pas gagné).
- ☆ Commencer la déco de sa chambre.
- ☆ Prendre une carte de fidélité chez Bébé Plus.
- ☆ Me préparer psychologiquement à la suite (= l'accouchement).

Lors de la deuxième échographie, le médecin va encore faire beaucoup d'arrêts sur image et de mesures pour **vérifier que le bébé se développe correctement.** Donc pas de panique, c'est normal et plutôt bon signe : vous êtes tombés sur un type consciencieux. Alors profitez-en pour l'admirer sous toutes les coutures (votre bébé, pas le médecin), car c'est la dernière fois que vous le voyez entier avant la naissance ! Et pour nous, c'est officiel, c'est une fille !

La very bad idea

Flipper à chaque fois que l'échographiste soupire ou fronce les sourcils.

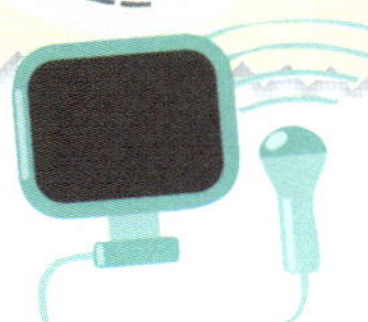

13

Le choix du prénom

La very bad idea

Laisser belle-maman choisir.

« Qu'est-ce que tu penses de Jade ?
– La secrétaire du dentiste ?
– Mais non ! Elle, c'est Jeanne, d'abord. Je te parle du prénom Jade ! Pour notre future fille, quoi.
– Eh bien, en dehors du fait que ce soit le prénom de la fille de Lætitia et Johnny Hallyday, j'aime bien.
– Ah bon ? Rah... j'ai pas envie qu'on me dise que j'ai choisi le prénom pour cette raison. »

Et c'est reparti pour un *brainstorming intensif*. Les prénoms anciens ? Pourquoi pas. Mais attention, pas n'importe lesquels. Hors de question que j'appelle ma fille Huguette. Les prénoms de films ou de séries TV ? Euh, non merci. Je laisse les Daenerys et autres Hermione aux autres. Les prénoms à la mode ? Bof, j'ai pas envie qu'elles soient cinq à avoir le même prénom dans la classe. Éliminons également les prénoms des ex et les prénoms composés.

Eh bien, on n'est pas sortis des ronces !

En plus, il ne faut pas compter sur la famille ou les copains pour aider à choisir car chacun a un avis différent. Il faut que tout cela mûrisse **et, dans quelques mois, le bon prénom s'imposera à nous comme une évidence.**

La résolution de la crise de l'Ukraine, à côté, c'est de la gnognotte !

LA MARCHE À SUIVRE

- Pensez à noter les idées de prénom quand vous en avez.
- À mi-grossesse, montrez votre liste à la future maman, qui vous dégainera à son tour la sienne.
- Gloups, aucun point commun…
- Éliminez ceux que « non, là, vraiment, ce n'est pas possible ».
- Retravaillez vos listes chacun de votre côté.
- Faites le point régulièrement, notamment quand vous saurez si c'est un garçon ou une fille car ça règle une partie du problème.
- Recommencez si nécessaire jusqu'à ce que l'un des deux craque.

Top 10 2014 des prénoms de filles

Louise Jade
Emma Léa
Chloé Lola
Manon Inès
Lena Lina

À prendre en considération

- L'association avec le nom de famille (pas de Paul si vous vous appelez Pote).
- Son orthographe (c'est le premier mot que votre enfant apprendra à écrire).
- Ses éventuels diminutifs.
- Son effet de nuisance sur l'enfant (donc on oublie Adolphe ou Pikachu).

« 14 »

Qui va le garder ?

Eh oui, il faut déjà y penser !

« Donc ça ne fonctionne pas du tout comme pour les chiots ? Le journal par terre, la gamelle d'eau fraîche et les croquettes ne permettent pas de la laisser seule toute la journée ? Mince. Cherchons une solution de garde parmi les possibilités qui s'offrent à nous.

Une nounou ? Je ne sais pas. Nous venons d'arriver dans la région et ne connaissons personne. **La crèche ?** J'aime bien le côté collectivité, mais, en faisant un rapide calcul des coûts, je ne sais pas si ce sera valable. En plus, j'ai lu que les mômes faisaient leur immunité lors de leur première année de crèche. J'ai déjà l'impression qu'on passe notre vie chez le doc, alors bon... **Ma femme ?** Il faudrait vraiment que nous n'ayons pas d'autre solution car – et c'est un choix que je comprends et approuve à 250 % – elle n'arrive pas à se projeter dans le rôle de la mère au foyer.

Bref, plus on y réfléchit, plus ma femme et moi avons envie de tenter un truc encore peu commun...

Je serai donc...

« Attends la suite »... »

La very bad idea

Penser qu'il est facile de concilier parfaitement carrière et famille. Il faut parfois être prêt à faire des sacrifices… à deux.

Encore faut-il avoir le choix !

	Avantages	Inconvénients
Assistante maternelle (ex-nounou)	• Un service personnalisé. • Celles qui peuvent (ou veulent bien) s'adaptent aux contraintes des parents.	• Le coût : de 700 à 800 euros nets avant aides et réduction d'impôts. • La paperasse : vous êtes son employeur.
La crèche	• Le coût, qui est adapté aux revenus des parents. • L'apprentissage de la vie en collectivité. • La variété des activités.	• Le bruit, le rythme, et donc la fatigue. • Les microbes, et donc les maladies. • Les horaires.
Halte-garderie	• Le coût, qui est adapté aux revenus des parents.	• Les créneaux horaires très limités.
Les grands-parents	• On est en terrain connu. • Leur grande disponibilité.	• Les risques d'ingérence. • Être infantilisé.
La nounou, c'est elle ou moi	• Plus de course, de stress… • On est témoin des grands moments !	• L'isolement. • La perte de pouvoir d'achat.

Pour connaître vos droits et les aides financières dont vous pouvez bénéficier, allez sur www.ameli.fr.

« 15 »

Père au foyer... pourquoi pas moi ?

“ Alors que je sortais tout juste de mes études, j'appris que mon cousin, cuisinier de métier, avait décidé de mettre sa carrière en pause pour devenir père au foyer et élever ses enfants. À l'époque, je me souviens avoir pensé qu'il avait fait un choix de vie vraiment audacieux, mais c'était un choix que je comprenais parfaitement.
Dix ans plus tard, je raccroche tout juste d'une conversation téléphonique avec ma femme, enceinte de quelques mois et envoyée à l'autre bout de la France en formation professionnelle. **Le genre de conversation qui peut complètement changer une vie.**
Ce soir, nous avons très sérieusement évoqué l'idée que je sois celui qui allait garder notre fille, à la maison.
L'idée est née de plusieurs constats. Nous avons échangé sur nos envies et nos craintes mutuelles. Nous avons fait des calculs concernant les frais de garde et nos revenus. Nous nous sommes projetés dans les mois et les années à venir et nous avons aimé les avantages offerts par ce mode de vie atypique. Et, chose primordiale, nous nous sommes jurés que, dès lors que ce choix de vie ne correspondrait plus à l'un ou à l'autre, nous nous laisserions la possibilité de revenir à un mode de garde plus classique.
J'ai tellement hâte d'enfiler ce nouveau costume de PAF (père au foyer mais pas désespéré). ”

Pour plus d'infos, allez sur www.caf.fr.

Je vais vivre l'expérience la plus enrichissante de ma vie !

PAF à plein temps

Avantages

- Je suis devenu la mascotte du quartier.
- Je me suis fait plein de copines !
- C'est valorisant car j'apparais comme un pionnier.
- Ça aide à prendre sa place auprès des enfants.
- Un accès VIP et illimité à ma machine à café.

Inconvénients

- Le désintérêt des autres lors des dîners entre (futurs ex) amis.
- Les moments de blues quand les nuits interrompues par les pleurs s'enchaînent ou quand le repassage s'accumule.
- L'isolement.
- On n'a plus le droit d'être fatigué.
- L'impossibilité de poser une journée de RTT ou d'avoir un arrêt de travail.

LE MOT SAVANT DU MOMENT

Le CLCA (complément de libre choix d'activité) : allocation de quelques centaines d'euros versée durant 6 mois pour le 1er enfant et jusqu'au 3e anniversaire du 2e enfant au parent qui a arrêté de travailler pour le(s) garder.

Soyez branché, devenez père au foyer !

« 16 »

La troisième échographie

Vers la 30e semaine de grossesse.

« Ça y est ! Le dernier volet de la trilogie est sur le point de sortir et ma femme et moi sommes même invités à l'avant-première. J'ai réussi à résister à l'envie de prendre du pop-corn, mais j'ai hâte de voir ce que nous réserve le réalisateur… enfin, l'échographiste.

Comme pour la première et la deuxième écho, il y a ce sentiment mêlé de léger stress et d'impatience. C'est plus fort que nous.

Le doc met les 3 tonnes de gel « attention-c'est-un-peu-froid » sur le ventre de ma femme et le spectacle commence.

Notre fille est dans la bonne position. La tête en bas. (Oui, contrairement à nous, la tête en bas est la bonne position.) **Tout a l'air de bien fonctionner et d'être normal.** Quand, tout à coup…

« C'est déjà un bon gros bébé, vous savez », nous dit le doc. Étant donné que le ventre de ma femme est gigantesque, on s'en doutait un peu, oui.

« Elle devrait faire un peu plus de 4 kilos et au moins 50 centimètres. »

What ? Mais c'est énorme ?

De là à penser qu'on était dans un mauvais remake d'*Alien*, il y a un pas que je n'ai pas osé franchir ! »

MA TO-DO-LIST

- Finir la déco de sa chambre.
- Choisir, une bonne fois pour toutes, le prénom.
- Finaliser la liste de naissance.
- Vérifier qu'on a bien tout le matériel pour commencer.
- Offrir une séance chez l'esthéticienne à ma chérie (car, bientôt, elle aura beaucoup moins de temps pour se chouchouter).

LE MOT SAVANT DU MOMENT

Présentation en siège : position assise (tête en haut) où restent obstinément certains bébés bien que, «contractuellement», ils devraient se présenter la tête en bas ! Dans certains cas (position des jambes du bébé, largeur du bassin de la maman…), un accouchement par voie naturelle est envisageable. Sinon, on prévoit une césarienne.

Pensez à aller faire la reconnaissance de paternité à la mairie (si vous n'avez pas la bague au doigt).

Dernière occasion de voir bébé avant sa naissance, même si ça va être en pièces détachées car il a tellement grandi et grossi qu'il est maintenant tout recroquevillé sur lui-même. Comme les premières fois, le médecin va s'assurer que **tout va bien** (organes, cœur, cerveau, cordon…) et voir **comment il se présente.**

Il faut bien que je calme mes angoisses !!!

‹ 17 ›

Pourquoi je grossis aussi ?

« Alors ça, je dois dire que je ne m'y attendais pas. Je suis victime d'un phénomène étrange. Plus la grossesse de ma femme avance, plus mes vêtements rétrécissent. Et cela n'a rien à voir avec ma maîtrise du lave-linge, promis.
Je fais une quoi...? **Une couvade ?**
Qu'est-ce que c'est que ce truc ? C'est grave comme maladie ? Ah, ce n'est pas une maladie. C'est une **forme de grossesse par procuration,** en même temps que celle de ma femme. Mais c'est bien elle qui va accoucher ? Je ne suis pas équipé pour, moi...
Et c'est donc ça qui expliquerait les nausées d'il y a quelques semaines ! Moi qui mettais ça sur le dos des moules-frites de belle-maman.
C'est fou comme le cerveau peut jouer des tours. **Bon, rien de grave.** Mais je vais quand même faire attention à ne pas trop grossir. Je ne peux pas dire que je « mange pour deux », moi. Et puis mes frangins vont bien se moquer si, au final, je prends plus de ventre que ma femme. »

LE MOT SAVANT DU MOMENT

Couvade : coutume ancestrale qui incitait les pères à imiter les mères pour recevoir les mêmes attentions qu'elles et qui, en psychiatrie, qualifie les troubles physiques et psychologiques ressentis par certains futurs papas : nausées, ballonnements, prise de poids...

BONNES RÉSOLUTIONS :

1 Je remplace…

- ☆ Les pains au chocolat par du pain légèrement beurré.
- ☆ Les noix de cajou par des tomates cerises.
- ☆ Les fondants au chocolat et au caramel beurre salé par du chocolat super noir.
- ☆ Le saucisson par de la viande de bison.
- ☆ Les bières par un verre de vin rouge.

2 Je mange dans une assiette plus petite et je ne me ressers pas.

3 Je mets la pédale douce sur…

- ☆ Les féculents.
- ☆ Les sauces.
- ☆ Le sucré.
- ☆ Le salé (ça fait gonfler !).

4 Je découvre les saveurs exquises des fruits et des légumes des petits producteurs locaux.

Adieu les Magnum® double chocolat, vive… la salade de fruits !

Les troubles s'arrêtent à l'accouchement, mais les kilos, malheureusement, restent là !

« 18 »

Comment choisir la maternité ?

Un séjour à la maternité dure en moyenne 4 jours. Alors autant qu'il soit agréable !

« Par définition, la question du choix de la maternité ne se pose que quand on a la chance d'avoir le choix entre plusieurs maternités. Ce n'est pas toujours le cas…
Probablement du fait de notre culture Web, ma femme et moi avons fait comme pour les restaurants ou les hôtels et nous sommes d'abord tournés vers les **avis de consommateurs.** Nous avons donc lu les différents témoignages sur les forums de discussion et avons ensuite croisé nos informations en lisant les fameux **tops des maternités** que publient régulièrement les magazines parentaux.
En plus de cela, nous avons également pris en compte d'autres éléments moins subjectifs tels que le temps que nous mettrions à l'atteindre le jour J et la présence ou non d'un service de néonatalogie. Tant qu'à faire, nous avons également vérifié si la maternité semblait correspondre à notre **projet de naissance.**
Enfin, notre choix s'est affiné en comparant les **options de confort** que chaque maternité proposait : possibilité de chambre individuelle, lit pour l'accompagnant, présence d'une nursery et pizzas servies à la cafet' (je blague à peine pour les pizzas…). »

Mince, y a pas de Twix® dans le distributeur !

LE MOT SAVANT DU MOMENT

Pardo : programme d'accompagnement du retour à domicile, qui donne droit à deux visites d'une sage-femme chez soi après la naissance.

Demandez aussi :

- ☆ s'il y a tout ce qu'il faut en cas d'urgence pour la maman ;
- ☆ quelles sont les modalités pour avoir une chambre seule, si la maman le désire ;
- ☆ quel est le montant des dépassements d'honoraires si vous optez pour le privé ;
- ☆ quelle est la durée du séjour ;
- ☆ quels sont les horaires de visite et le nombre de personnes autorisées ;
- ☆ s'il y a une hotline à appeler, une fois rentrés à la maison, pour se faire aider ;
- ☆ si vous pouvez dormir sur place la nuit ;
- ☆ s'il y a moyen de mettre le bébé à la nursery la première nuit pour que la maman (si elle le désire, bien sûr) puisse récupérer.

Est-ce qu'il y a un frigo pour mettre le champagne au frais ?

« 19 »

Comment gérer ma peur des hommes en blanc ?

J'aurais pas dû regarder "Grey's Anatomy" !

“ **Les hôpitaux et moi, nous ne sommes pas très copains.** On a essayé de faire des efforts pourtant, mais je n'ai gardé que des mauvais souvenirs de mes visites là-bas. Alors l'idée de devoir y passer quelques jours, même si je ne suis pas celui qui sera hospitalisé, ne me réjouit pas plus que ça.
Déjà, il y a cette odeur si particulière. Ensuite, il y a cette ambiance électrique avec la moitié des gens qui sont stressés par le problème qui les amène, et les autres qui le sont parce qu'ils y travaillent. Et puis, croiser des patients livides, en pyjama, qui squattent l'entrée pour fumer leur clope accrochés à leur perfusion comme à la barre du dernier métro, c'est trop pour moi.

Alors je me concentre sur la raison joyeuse qui nous amène ici. Je tente de faire abstraction de tout le reste et me détends, petit à petit, dès que nous atteignons le secteur maternité en fixant mon attention sur la déco rose bonbon de cette partie. Cela m'aide à oublier l'ambiance zombie du reste de l'hôpital. ”

EN MODE SURVIE…

- Dans la série « quitte à s'évanouir, mieux vaut le faire avant le jour J », demandez à voir la salle d'accouchement lors de la visite de la maternité.
- Inspirez et expirez profondément en vous concentrant sur votre respiration… sauf si vous ne supportez pas les odeurs d'hôpital !
- Sinon, réduisez votre champ de vision au maximum (en fixant votre femme et non votre smartphone) et, en cas d'attente, fermez les yeux et écoutez de la musique.
- Sinon, suivez la future maman à ses cours de sophrologie.

LE MOT SAVANT DU MOMENT

Sophrologie : technique de relaxation qui permet de se préparer mentalement à de grandes épreuves ou à affronter de grandes peurs. Pile-poil ce qu'il vous faut !

Moi, je déteste (au choix) :
❑ la vue du sang ❑ les piqûres
❑ l'outillage dont Dexter aurait raffolé (forceps, ventouses, spatules, scalpel…)
❑ le vert « salle de bains »
❑ les odeurs.

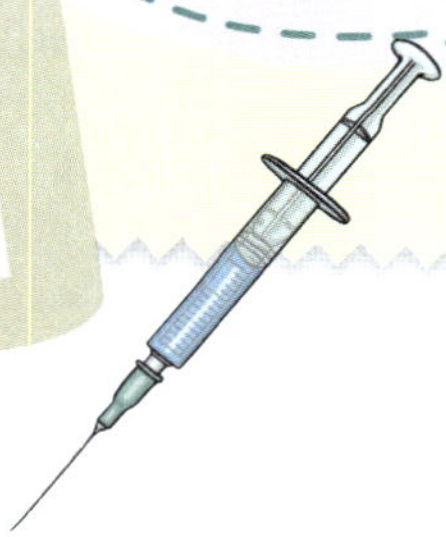

« 20 »

Ma préparation à l'accouchement

« À quoi bon aller aux cours de préparation à la naissance ? Je vais être le seul homme, non ?
– Hey, Marcel ?! T'es au courant qu'on a changé de siècle ? »

De plus en plus de pères se rendent disponibles pour accompagner leur femme aux cours de préparation à la naissance. Et ils ont bien raison.
Pour mon premier cours, je suis arrivé avec des souvenirs de scènes cultes de films et de séries en tête. Je m'attendais à voir deux ou trois pères complètement surinvestis au point d'en faire honte à leur femme, mais, finalement, nous étions quatre mecs du même âge, attentifs au discours de la sage-femme, visible-

Non, vous ne serez pas obligé de faire le petit chien qui respire vite. Promis.

Les futurs papas et mamans ont droit à 8 séances gratuites de préparation à l'accouchement après le 4e mois de grossesse. Renseignez-vous auprès de la maternité.
Ces séances permettent de :

- ☆ savoir, dans les grandes lignes, ce qui va se passer le jour J ;
- ☆ poser les questions qui angoissent et avoir les réponses qui rassurent ;
- ☆ montrer à la future maman qu'on se sent concerné ;
- ☆ se rendre compte par soi-même que ces cours n'ont rien à voir avec ce qu'on voit à la télé ;
- ☆ prendre encore un peu plus conscience qu'on va être papa.

ment motivés pour comprendre comment les choses allaient se dérouler.
C'était un peu comme une rentrée des classes de lycéens bien décidés à décrocher leur bac avec mention TBP (Très Bon Père). »

Les différentes méthodes sont...

1 La méthode classique basée sur des entraînements physiques (postures, respiration...).
2 Le Pilates comme à la salle de sport, mais en plus soft.
3 Les cours en piscine.
4 Le yoga.
5 La sophrologie (voir page 51).
6 L'haptonomie (voir p. 25).
7 Le chant prénatal (pour les fans de « The Voice »).

Ma valise de paternité

☆ De la monnaie pour le distributeur de cafés, sandwichs, revues...
☆ Un chargeur pour mon téléphone (et de la place sur la carte mémoire pour les photos).
☆ De quoi grignoter un peu (hors de la vue de la future maman qui ne pourra rien ingérer, bien sûr).
☆ Une boisson énergétique car ça peut virer au marathon, cette histoire-là.
☆ Un brumisateur (en cas de palpitations intempestives ou pour avoir quelque chose d'utile à faire comme rafraîchir le visage de la maman).

< 21 >

Mon projet de naissance

« Hors de question que je manque ce moment. Je sais depuis le début que je serai présent pendant l'accouchement. Il est inconcevable, sauf cas de force majeure, que je ne sois pas là.
Par contre, je suis nettement moins catégorique quand se pose la question de couper le cordon.
Là, franchement, je ne vois pas bien l'intérêt ni pour le père ni pour l'enfant même si je sais qu'il y a, dans ce geste, toute la symbolique de la séparation du bébé et de la mère. Mouais… D'après moi, c'est un choix personnel qui doit se faire sans tenir compte des us et coutumes ni des symboles. Si certains pères ressentent ce besoin, qu'ils le fassent. Pour ma part, je crois que je vais laisser ça au personnel soignant.
En plus, ça tombe bien, il paraît qu'ils ont beaucoup plus l'habitude que moi de manier le scalpel. »

LE PROJET DE NAISSANCE

Certaines maternités proposent aux futurs parents de consigner par écrit ce qu'ils souhaitent ou ne souhaitent pas pour la naissance. C'est une sorte de **contrat moral** (sans valeur juridique) que l'on signe avec l'équipe soignante pour être sûr que l'accouchement se passera comme on le souhaite, sauf imprévu ou problème de dernière minute.

Je veux être un super papa !!!

Je veux :

1 écouter « Survival » de Muse en boucle pendant le travail ;

2 être régulièrement approvisionné en Snickers® pour tenir le coup ;

3 avoir une lumière douce ;

4 qu'il n'y ait pas de hurlements à vous glacer le sang ;

5 adopter la position qui me convient : la tête enfouie dans l'épaule de ma femme ;

6 si je m'évanouis, être réanimé par le sosie de Nicole Scherzinger ;

7 pouvoir pleurer sans que personne se moque de moi ;

8 donner le premier biberon ;

9 rester un long moment au calme avec le bébé et la maman ;

10 pouvoir faire une séance peau à peau.

Je ne veux pas (même sous la menace)...

- Couper le cordon ombilical.
- Manger le placenta, même poêlé aux pommes caramélisées.

« 22 »

La liste de naissance

Quoi ?
Tout ça ?

« Je voudrais que ma vie ressemble à ça : je me promène dans un magasin en disant au vendeur d'ajouter un à un, sur la liste, chaque article qui me fait de l'œil, comme une Kim Kardashian (en plus barbu) qu'aucune étiquette de prix n'arrête. C'est grisant.
« Oui, mettez cette chaise haute. Non, pas la toute simple, celle qui se déplie quand on l'effleure. Et ajoutez également le transat fabriqué dans les matériaux utilisés par la NASA. J'adore. »

Ma femme aussi se prend au jeu. Elle est le Kanye West (en plus souriante) qui craque sur le linge de lit molletonné, sur les petits pyjamas trop choupis et sur la poussette tout-terrain qui pourrait remporter le Dakar. Mais, tout Kim et Kanye que nous sommes, nous avons su résister aux suggestions de la vendeuse qui insistait pour que nous ajoutions sur la liste le pot qui applaudit quand l'enfant fait son petit caca.

Stars, peut-être, mais de bon goût ! »

« I work all night, I work all day,
to pay the bills I have to pay
Ain't it sad
And still there never seems to be
a single penny left for me
That's too bad
Money, money, money… »
ABBA

LA LISTE DE NAISSANCE DE MES RÊVES

☆ Un séjour aux Seychelles (pour me remettre de l'accouchement).

☆ Une Porsche Cayenne (pour promener bébé).

☆ Un home cinéma (pour m'occuper en donnant le bib').

Sinon, la récup' ou l'occasion, c'est bien aussi, à condition que ce soit en excellent état et aux normes de sécurité en cours.

Les indispensables pour bébé

- Un lit + matelas et linge de lit adaptés.
- Un siège auto.
- Tout ce qui tourne autour de la nourriture : biberons, chauffe-biberon, ou tout le matériel spécial allaitement.
- Tout ce qui tourne autour de la toilette : baignoire, table à langer, siège de bain…
- Une poussette- landau-delta plane (cherchez l'erreur).
- Une chaise haute.

LE MOT SAVANT DU MOMENT

Liste de naissance : liste d'objets et de matériel pour bébé à se faire offrir par son entourage (au lieu de s'endetter sur trois générations !). À faire sur Internet ou dans les grosses enseignes de puériculture.

23

Je prépare le nid de bébé

Piou, piou, piou ! Une brindille par-ci, un bout de laine de verre par-là.

« S'il n'y avait pas eu ma femme pour me freiner un peu, j'aurais attaqué les travaux de décoration de la chambre de bébé dès l'apparition du « + » sur le test de grossesse. Malgré tout, nous nous y sommes mis relativement tôt pour que tout soit prêt le jour J. Et comme nous savions que c'était une petite fille, nous avons clairement versé dans le « cliché princesse » : du rose, du prune, du mauve sur les murs et du mobilier blanc tout-beau-tout-neuf.
Au final, sa chambre était prête bien en amont. **J'ai adoré imaginer sa future occupante,** bien protégée dans son cocon, avec son tour de lit tout doux, la petite musique du mobile en marche, prête à sombrer dans les bras de Morphée.
L'avenir me confirmera que j'avais omis quelques détails dans cette projection idyllique : les hurlements nocturnes, les régurgitations sur les draps tout propres, la musique du mobile qui n'a plus aucun effet sur elle mais toujours sur nos nerfs… mais c'est une autre histoire. »

Veillez à ne choisir que des peintures, revêtements de sol et du mobilier avec un minimum d'émission de C.O.V., car rien n'est plus précieux que la santé de son enfant.

Les meubles pratiques dans une chambre de bébé

- Un lit à barreaux avec un fond mobile à monter et descendre en fonction de la taille de bébé pour ne pas se faire un lumbago.
- Une commode munie d'un plan à langer.
- Une petite armoire pour ranger ses vêtements.
- Des étagères en hauteur pour la déco et les objets fragiles.
- Un tapis pour l'isoler, si besoin, d'un sol froid.
- Un fauteuil confortable pour le nourrir/le réconforter/l'endormir sur place.
- Des bacs ouverts (et pas trop hauts) pour qu'il puisse accéder facilement à ses jouets et à ses livres.

Et n'oubliez pas le mobile et la petite veilleuse !

LE MOT SAVANT DU MOMENT

C.O.V. (composés organiques volatiles) : substances volatiles ayant un impact direct et nocif sur la santé.

Idée déco

Au lieu d'une tapisserie nounours sur chaque mur, optez pour une frise ou des stickers, plus faciles à enlever le jour où vous devrez « upgrader » sa chambre.

« 24 »

Après la déco, les relations publiques

« Trouver un faire-part qui corresponde parfaitement à tous nos critères a été moins facile que ce que j'imaginais. Nous voulions quelque chose de mignon mais pas cucul, d'original mais pas excentrique, de classe mais pas austère, bref, **LE BON faire-part pour annoncer la naissance comme on le souhaite vraiment.** L'offre est pourtant immense, notamment sur

Préparez un maximum de choses à l'avance : illustration et mise en page du faire-part (pour qu'il n'y ait plus que le texte et une photo à mettre), et enveloppes prétimbrées avec l'adresse des destinataires.

le Web, mais il faut qu'on arrête de se voiler la face. La solution idéale, pour nous, a consisté à se remonter les manches et à les réaliser nous-mêmes. Un peu de bidouillage sur l'ordinateur, une mise en page sympa, l'impression via un site de tirages photos et hop, le tour est joué ! Reste à faire la liste de ceux qui le recevront. Pour ça, on met les futures mamies à contribution pour qu'elles fournissent une liste d'amis et de membres de la famille à prévenir. En mixant avec notre propre liste, nous sommes arrivés à 70 timbres à acheter ! « Euh, 70 ??? T'es sûre qu'on doit prévenir tonton Fernand ? Il est un peu gâteux, non ? » ”

Super sites pour faire les faire-part en ligne

www.zazzle.fr

www.papierandco.com

www.monpetitfairepartalamericaine.fr

www.tinyprints.com

www.naissance.fr

VIVE LE BOUCHE À OREILLE !

Pour annoncer la naissance de Bébé à un maximum de gens en un minimum de temps, faites des listes avec, pour chacune, le nom d'une ou deux personnes qui se chargeront de propager la bonne nouvelle :

- famille proche (en appelant directement les papys et les mamies, bien sûr) ;
- famille éloignée (comme ça, c'est réglé pour tonton Fernand) ;
- votre bande : vieux copains, nouveaux amis, potes du basket...
- sans oublier les collègues et les voisins.

Ainsi, en quelques coups de fil, mails ou SMS, ce sera réglé !

‹ 25 ›

Angoisses de dernière minute

« Wow… on y est. La scène que j'ai 1 000 fois imaginée est en train de se dérouler. J'ai envie de courir partout et c'est ma femme, étonnamment zen entre deux contractions, qui me calme et me dit de ne pas m'affoler, qu'on a largement le temps.
On vérifie une dernière fois qu'on a bien tous les papiers, j'attrape la valise de maternité prête depuis quelques jours, et nous partons pour la clinique. Je m'occupe des formalités d'admission pendant qu'elle intègre la salle de consultation. J'emprunte l'escalier pour la rejoindre car je ne veux pas prendre le risque de rester bloqué dans l'ascenseur. Surtout pas aujourd'hui. La pression est si forte que je retiens à peine quelques larmes en arrivant à la dernière marche.
Je prends encore plus concrètement conscience que je vais être père.
Pourvu que tout se passe bien.
J'inspire un grand coup et je pousse la porte.
En avant, toutes ! »

Et si… l'anesthésiste était archibooké.
Et si… ils n'avaient plus de place.
Et si… malgré mon super training, je m'évanouissais comme une fillette en salle d'accouchement.
Et si…
STOP!!! Ça va bien se passer!

PETITS TRUCS POUR NE PAS TOMBER DANS LES POMMES

- Habillez-vous léger pour mieux gérer la chaleur de la maternité et les montées de stress.
- Mangez et buvez régulièrement pour vous plomber l'estomac.
- Sortez régulièrement prendre l'air.
- Ne vous obligez pas à regarder ou à faire ce que vous redoutiez.

Aie confiance !
Aie confiance !

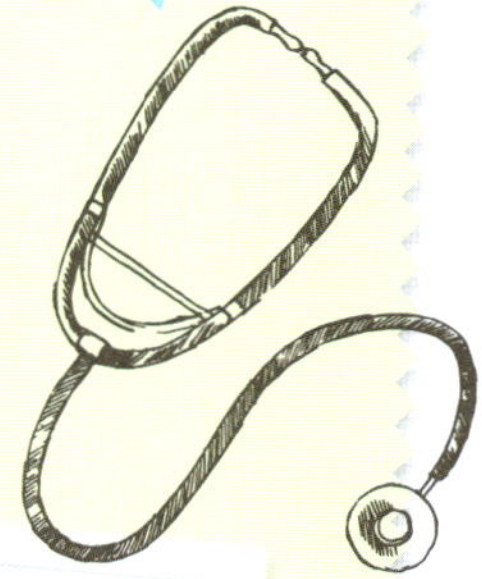

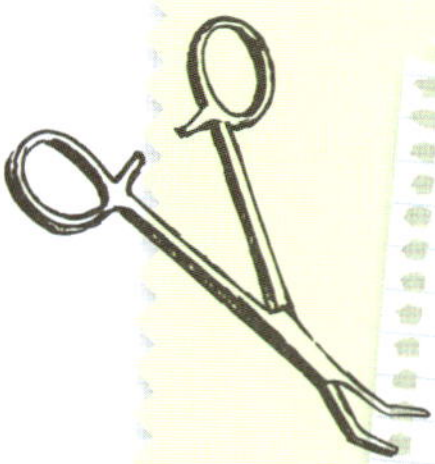

Ça fait peur dit comme ça, mais en fait, c'est assez courant !

La péridurale : anesthésie du bassin qui permet à la maman de moins sentir les contractions et donc de moins souffrir.

L'épisiotomie : coupure nette et franche que l'on doit parfois faire au niveau du périnée pour laisser passer la tête du bébé. Cela évite les déchirements, beaucoup plus douloureux et longs à cicatriser.

Les forceps, ventouses et autres spatules : matériel utilisé pour aider le bébé à sortir plus vite.

« 26 »

Le grand débarquement

Inspirez ! Expirez !
Inspirez ! Expirez !...

“ Tout a commencé par cette phrase : « Chéri ? Je suis en train de perdre les eaux. Et les contractions sont... *[silence à ne surtout pas rompre par une question idiote]*... vraiment plus fortes que d'habitude. Je crois qu'on y est, là. Tu chronomètres ? »

J'ai retenu la blague sur l'opportunité de vouloir faire un 100 mètres et ai lancé le chrono. Cinq minutes à peine s'écoulaient entre les contractions.

En attendant, ma femme est placée sous monitoring. Nous sommes laissés seuls dans une petite pièce de consultation. J'en profite pour déconner un peu, histoire de détendre l'atmosphère, car nous en avons tous les deux besoin.

Quelques répliques de *Grey's Anatomy* plus tard (je suis vraiment fan de cette série !), nous passons en salle de travail. Ma place est à son épaule droite. Le paradoxe consiste à me faire à la fois tout petit pour ne pas gêner le personnel médical, mais être très présent pour ma femme.

LE MOT SAVANT DU MOMENT

Col de l'utérus : la serrure de l'utérus qui va s'ouvrir jusqu'à 10 cm pour laisser passer bébé. À partir de 7 cm, ça peut aller très vite !

Je donnerais tout pour souffrir un peu à sa place, mais je ne peux qu'être présent.

Le temps semble long, trop long... Le visage de la sage-femme devient plus grave à chaque poignée de minutes qui passent. Elle demande qu'on fasse venir le gynéco de garde. Ma femme et moi comprenons que les choses ne se passent pas vraiment comme prévu.
« Nous allons devoir faire une césarienne en urgence », nous annonce le doc sans plus de ménagement. J'ai l'impression de prendre un crochet du droit, mais je prends sur moi pour rassurer ma femme.

Je l'embrasse et je la regarde partir au bloc. ”

Vous avez déjà eu des coliques violentes ? Eh bien, les contractions, c'est encore plus douloureux et c'est crescendo !

LES GRANDES ÉTAPES DE L'ACCOUCHEMENT

☆ La dilatation (ou ouverture) du col sous l'effet des contractions : en moyenne 1 cm par heure en sachant que cela peut être beaucoup plus rapide ou beaucoup plus lent et que ça s'accélère vraiment à la fin.

☆ L'expulsion : sous l'effet de contractions beaucoup plus violentes et rapprochées, le bébé montre enfin le bout de son nez. C'est souvent rapide (entre 30 minutes et 1 heure)

☆ La délivrance du placenta : expulsion très intense et express du placenta (entre 20 et 30 minutes après l'accouchement).

Ce qu'on voit dans les films est souvent très exagéré !

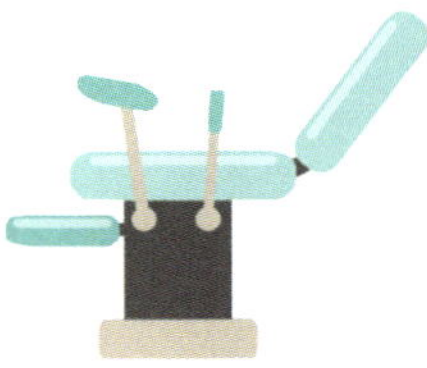

Rien ne vous oblige à tout voir en Imax 3D avec effets spéciaux sanguinolents à tous les plans. Perso, je vous conseille fortement un gros plan fixe sur le visage de la maman.

Un maelström d'émotions

Vous risquez de ressentir tour à tour (ou simultanément) : de l'inquiétude, de la peur, du dégoût, de la confusion (c'est vraiment en train de se passer ?), de l'impuissance, de la fierté (de ne pas être tombé dans les pommes), de l'admiration pour la jeune maman, et… comme une grosse envie de pleurer !

Comment se rendre utile ?

1 Tenez la main de la future maman.

2 Proposez-lui de lui masser les épaules ou le dos entre deux contractions.

3 Rafraîchissez-la d'un petit coup de brumisateur.

4 Faites-la rire (si elle a un sens de l'humour à toute épreuve).

5 Encouragez-la (mais pas comme un supporter du PSG…).

6 Devenez son chargé de com' auprès du personnel soignant.

7 Et, tout bêtement, dites-lui que vous l'aimez !

La very bad idea

Jouer à *Candy Crush* pour passer le temps agréablement (et vous concentrer sur autre chose).

‹ 27 ›

Une naissance différente

“ Avant de quitter la pièce, l'une des sages-femmes me dit que cela prendra environ une demi-heure. La salle de naissance, si agitée quelques minutes plus tôt, me semble désormais bien trop calme. Je n'ai pas d'autre choix que celui d'attendre ici en priant tous les dieux du monde que rien de grave n'arrive à ma femme et à ma fille.

Plongé dans mes pensées, j'en suis brusquement sorti par les cris d'un bébé qui semble fort mécontent. La porte s'ouvre alors et deux sages-femmes rentrent en poussant une couveuse.

« **Voilà ! C'est votre fille !** me dit l'une d'elles. Tout s'est bien passé ! »

Si vous en avez la possibilité, filmez ou photographiez les soins du bébé pour que la maman puisse vivre aussi ces précieux moments en différé.

BOUM, en pleine face.
Cette petite chose hurlante est donc ma fille. Elle pleure sans s'arrêter pendant les soins. Elle est inconsolable. C'est alors qu'on me propose de faire une séance de peau à peau avec elle. Je retire mon polo et la miniature est doucement déposée sur mon torse. Il n'aura pas fallu plus de 3 secondes pour que la miss cesse de pleurer.
S'en sont suivies les 5 minutes les plus intenses de ma vie. Je lui ai soufflé à l'oreille quelques mots réconfortants. Je lui ai expliqué ce qu'il se passait. **Je lui ai promis de faire tout mon possible pour être un bon papa.**
On était bien. »

LE MOT SAVANT DU MOMENT

Césarienne : petite incision horizontale en bas du ventre de la maman pour faire sortir le bébé. Elle peut être :
- prévue à l'avance si, par exemple, le bébé se présente en siège ou si la maman a déjà eu des césariennes ;
- décidée en salle de travail en cas de danger pour le bébé ou la maman.

Elle se pratique au bloc opératoire et ne dure qu'une quarantaine de minutes.

Non, vous n'aurez pas le droit d'assister à la césarienne. Oui, ce seront les 40 minutes les plus longues et les plus stressantes de votre vie. Mais ayez confiance, c'est pour le mieux. Ça va bien se passer.

LES SOINS DU BÉBÉ

- On le mouche pour bien dégager ses voies respiratoires.
- On contrôle ses réflexes.
- On le pèse et on le mesure.
- On prend sa température.
- On lui met des gouttes dans les yeux.
- On le baigne.
- On lui met un petit bracelet avec son nom et son prénom dessus.
- On l'habille.

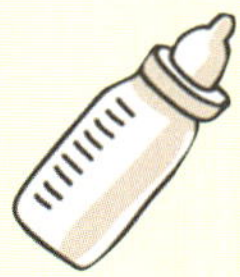

À vous de jouer !

Comme la maman devra rester au bloc pour les soins et ne sera pas forcément au top de sa forme dans les heures qui suivent, vous aurez tout le loisir de vous occuper de Bébé et de faire vos premières armes en tant que père. Alors, profitez-en !

PRÉPARATION
ceinture jaune
La première année

< 28 >

J'avais commandé un bébé… pas un ersatz d'E.T. !

La very bad idea

Dire : « Cet enfant n'est pas de moi ! »

« Jusqu'à la dernière minute avant la rencontre, j'imaginais qu'on me présenterait l'un de ces bébés magnifiques, vus dans les séries américaines. **Des bébés avec le teint rose, pas fripés et sans rien qui pourrait choquer mon fragile cerveau de futur papa.** Erreur fatale ! J'ai vite compris que ces enfants de cinéma sont déjà âgés de plusieurs jours et que la réalité est bien moins idyllique.

Les bébés naissent plus ou moins velus, couverts de vernix – une substance peu ragoûtante proche de la margarine périmée –, et le cordon, une fois coupé, a l'aspect d'un vieux bout de calamar. (Il se pourrait même que vous aperceviez un peu de sang. NE PANIQUEZ PAS !)

Quant à mes futurs chefs-d'œuvre, le premier était flétri comme feu la tante Simone et le deuxième boursouflé comme le perdant d'un combat de *free fight*. Histoire de parachever ce tableau effrayant, le personnel soignant leur avait mis dans les yeux des gouttes orange qui leur coulaient sur les joues ! Heureusement, après un petit brin de toilette, il n'y paraissait (presque) plus rien ! »

J'aurais dû m'en douter. À l'échographie, je les trouvais déjà un peu chelous.

SIGNES PARTICULIERS D'UN BÉBÉ À LA NAISSANCE

- Une grosse tête.
- La boule à zéro ou, à l'inverse, la toison de Kev Adams.
- Des poils partout (même dans le dos !).
- Rougeaud comme tonton Robert après 5 pastis par 35 °C à l'ombre.
- Fripé comme un Shar Pei.
- Des yeux collés et qui partent dans tous les sens quand il daigne les ouvrir.
- Un zizi gonflé si c'est un garçon.
- Des tétons gonflés si c'est une fille.
- Des croûtes, des taches, des boutons sur la tête et le corps...

Liste non exhaustive !!!!

En fait ce que vous avez sous les yeux n'est pas encore tout à fait un bébé. C'est toujours un fœtus qui, au fil des semaines, va lentement mais sûrement se muer en bébé à grosses cuisses et à fossettes. Cela explique aussi pourquoi il a l'estomac si sensible, il n'est pas calé sur un rythme régulier (pour manger, pour dormir...) et il a tellement besoin de réconfort. Patience, vous l'aurez bientôt, votre bébé de pub !

« 29 »

Seul pour encore trois jours…

☹💣☠ de poussette !!!

“ **Trois jours.** J'ai trois jours devant moi pour comprendre comment installer la nacelle dans la voiture. Heureusement, je suis plutôt serein car nous avons écouté les conseils de la vendeuse et avons opté pour le système Isofix. « Super easy ! » qu'elle a dit…
Trois jours devant moi pour faire en sorte que la maison soit rangée et propre quand tout le monde rentrera. Oups, il faut aussi que je pense à faire les courses et les lessives. Pour la vaisselle, ça va être rapide, je ne me nourris plus que de sandwichs et de chips.
Trois jours pour trouver un cadeau à la hauteur de l'événement pour la jeune maman. En fait, c'est moins de trois jours puisque je veux lui offrir une bague dès ma prochaine visite à la maternité.
Il faut aussi que je cale un passage à la mairie pour déclarer la naissance, que je passe à la pharmacie pour y retirer la liste de produits nécessaires fournie par la maternité et… mince, il me semble que j'oublie un truc… ah oui, ça m'revient !

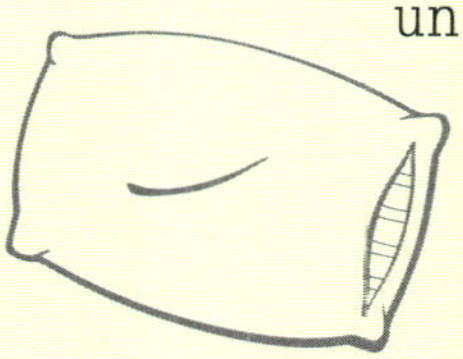

Trois jours – ou plutôt deux nuits – pour dormir ! Car, d'après ce que j'ai compris, les prochaines nuits vont être sportives. ”

Profitez-en aussi pour...

1 Limiter le nombre de visites à la maternité pour que la maman et le bébé puissent aussi récupérer.

2 Envoyer des photos du divin enfant à votre entourage pour le faire patienter.

3 Fêter ça (raisonnablement) avec les potes !

4 Aller chercher les premiers cadeaux disponibles sur la liste de naissance (surtout si c'est du matériel dont vous allez avoir vite besoin).

5 Vous exercer à manipuler la poussette, le lit parapluie, la nacelle, le siège auto... sans mode d'emploi et sans pester.

6 Poser le maximum de questions au personnel soignant.

LE MOT SAVANT DU MOMENT

Isofix : système de fixation qui s'installe de chaque côté d'un siège de la voiture et qui permet de clipser facilement le siège auto de Bébé.

LISTE DE COURSES SPÉCIALE « REPAS SUR LE POUCE »

- Des conserves de poisson et de légumes.
- Des surgelés dont plein de plats préparés pour 1 et 2 personnes.
- Des féculents et céréales express : pâtes et riz cuits en 2 ou 3 minutes (mais aussi semoule, quinoa...).
- Des laitages : yaourts à boire, fromage en portions individuelles...
- Des compotes en tubes, des boîtes de fruits au sirop...
- Des en-cas dopants : chocolat extra-noir, barres de céréales, fruits secs...
- Du pain complet de boulanger tranché (à congeler).
- Du beurre, de l'huile d'olive et de colza (si possible bio).

‹ 30 ›

Mon premier tête-à-tête avec bébé

“ Étant issu d'une famille nombreuse, j'ai la chance d'avoir pu m'entraîner sur mes neveux et nièces quand je faisais le jeune baby-sitter. Changer des couches ou donner le biberon, cela ne me fait donc pas trop peur. Néanmoins, il y a une chose pour laquelle je suis particulièrement attentif quand l'aide-soignante de la maternité nous en fait la démonstration : **la technique appliquée aux soins du cordon.** Rien que d'imaginer ce bout de truc à moitié desséché me rester dans les mains en faisant les soins suffit à me dresser les poils sur les bras. Brrrrr.

Yes, you can !

Et malgré ma petite expérience, je dois avouer que l'idée de mal porter ma fille avec sa grosse tête qui peut partir dans tous les sens si on ne la tient pas correctement me fait flipper. Le truc rassurant, c'est que ma femme n'a pas l'air plus sereine que moi, même si on sait, tous les deux, que la confiance qui nous manque viendra naturellement et rapidement.

Égalité homme/femme à 100 % pour le coup ! ”

La maman n'est pas plus « douée » que vous pour s'occuper du bébé, elle aussi débute. Donc, même si elle ne le montre pas forcément, elle aussi pétoche.

COMMENT TENIR UN BÉBÉ ?

Il est si petit, si fragile que vous avez peur de lui faire mal avec vos grandes mains. Au contraire. Elles sont pile-poil à la bonne taille pour le prendre. Passez une main sous ses fesses, l'autre sous sa tête, et soulevez-le. Maintenant, posez-le sur votre poitrine et allez vous asseoir pour pouvoir ensuite le poser sur vos cuisses ou sur votre avant-bras et l'admirer à loisir.

Mon Dieu, qu'elle est légère !

Ce que vous pouvez faire, là, tout de suite, maintenant

1 Lui donner le biberon.

2 Lui donner son bain avec l'aide d'une puéricultrice.

3 Le changer.

4 Lui faire un gros câlin (et pourquoi pas peau à peau ?).

5 Lui susurrer des mots doux à l'oreille.

6 Être là le plus souvent possible pour ne pas louper un instant, un conseil...

‹ 31 ›

La première année en accéléré

“ Entre le moment où j'ai passé pour la première fois la porte de chez nous avec notre fille dans son cosy et ce jour où j'allume cette grosse bougie en forme de 1 sur un gâteau au chocolat, **des tonnes de choses se sont passées :**
- les jours en mode zombie à cause des nuits interrompues (« Euh… j'ai bien mis toutes les doses de lait dans le biberon ? »),
- les premiers sourires (qui feraient même craquer votre DRH…),
- les pleurs qu'on apprend à décrypter petit à petit (eh oui, tous les pleurs ne se ressemblent pas !),
- les (nombreux) rendez-vous chez le pédiatre et les premiers vaccins,
- les échanges de plus en plus nombreux (je suis devenu bilingue français-bébé),
- les petites bosses et l'arnica,
- ce premier rire que je n'oublierai jamais,
- la bavouille par litres,
- les premiers pas chancelants,
- les vérifications nocturnes pour s'assurer que tout va bien,
- la panique dès que je ne l'entends plus respirer,
- la diversification alimentaire,
- les couches atomiques,
- cette foutue fièvre qui ne baisse pas, les dents…

« Oh ! Elle n'aurait pas dit “papa”, là ? »
Le doudou perdu, le doudou retrouvé, ouf. Le quatre-pattes, les jouets qui font du bruit, les petites marionnettes et le chat de la mère Michel, re-pédiatre. « T'as vu ? Elle se met debout dans son lit ! » Les câlins et les bisous dans les plis du cou, les premières vraies chaussures, les bains du soir, les croquette du chat pour voir quel goût ça a… ”

Pour fêter son 4e mois, offrez-lui un hochet !

L'ÉVOLUTION DE BÉBÉ...

1er mois : BB a deux impératifs dans la vie : **manger et dormir.** Sinon, il reconnaît le son de votre voix. Par contre, il a l'acuité visuelle d'une taupe (sans lunettes).

2e mois : BB pleure beaucoup pour des tas de raisons différentes dont la principale est souvent le mal de ventre ou l'énervement (je voudrais dormir, je ne veux pas être seul, je suis un grand incompris de la vie . . .). Il reconnaît votre visage et ça y est, il sourit !

3e mois : BB voit mieux et passe donc de longs moments à observer ce qui se passe autour de lui. Il a fait la découverte **de ses mains** et essaie de les contrôler (pan, dans l'œil !). Il teste aussi **sa voix** d'où de plus ou moins jolies vocalises. Il commence (enfin) à se caler sur un vrai rythme de 24 heures et donc, si vous avez de la chance, à faire ses nuits !

4e mois : BB tient très bien sa tête et son dos. Il commence à manipuler des objets et à jouer tout seul. Il suçote tout ce qui passe à portée de ses mains, qu'il contrôle très bien maintenant.

5e mois : BB roule sur lui-même et bouge la nuit. C'est le moment de mettre son lit en position basse ! Il voit et entend maintenant très bien et **s'intéresse à tout !**

6e mois : BB tend les bras pour qu'on le prenne. Il commence à se tenir assis tout seul (bien calé par des oreillers) et à faire de vrais repas. Sa première dent ne devrait pas tarder à percer. Il commence à dire et à répéter des sons, souvent des « bah », première étape avant « papa » !!!

... MOIS PAR MOIS

7e mois : BB est de plus en plus tonique. Il essaie de se relever dans son lit et appelle de sa douce voix quand il veut qu'on vienne le chercher. Il commence à vous faire des blagues style « je t'arrache la cuillère pleine de purée des mains et je la jette par terre ».

8e mois : BB se tient bien assis et est un compagnon de jeu très agréable. Il devient sauvage et pleure dès que vous vous éloignez ou qu'un inconnu le regarde de trop près : c'est ce qu'on appelle « la crise des 8 mois ».

9e mois : BB réagit à son prénom. Il applaudit et fait au revoir avec la main. Il adore jouer à cache-cache et s'interroge beaucoup sur le fonctionnement de certains objets de son quotidien.

10e mois : BB commence à se déplacer à quatre pattes, sur les fesses, en nage indienne... bref, comme il peut ! Il aime se tenir debout en se retenant aux objets qui l'entourent. **Il comprend des mots simples** et commence à associer des sons pour faire des phrases. À vous de les déchiffrer !

11e mois : BB sait très bien ce qu'il veut (ou ne veut pas), fait oui ou non de la tête et est capable d'aller chercher son doudou dans une autre pièce (genre : « je sais pertinemment ce que je cherche et je sais où le trouver », un truc énorme pour les bébés). Il commence à jouer avec des balles ou des ballons. Il boit et mange tout seul... ou presque.

12e mois : BB vient quand on l'appelle, **il essaie de marcher** avec plus ou moins de succès et surtout, surtout, il dit « papa » !!!

Cela est donné à titre indicatif car chaque enfant se développe à son rythme, et certains sont plus pressés que d'autres !

‹ 32 ›

L'instinct paternel : en avoir ou pas ?

« Quand on m'a demandé si j'avais l'instinct paternel, je n'ai pas immédiatement su quoi répondre. Alors j'ai décidé de faire un petit bilan.

- Quand la mère d'un bébé me le confie pour que je le tienne dans mes bras pendant qu'elle fait un truc urgent, je suis plutôt du genre à savoir qu'il ne faut pas le porter par les pieds et j'engage facilement la conversation en mode « areuh ». **+ 10 points d'instinct paternel.**
- Quand nous avons su que ce serait une fille, je me suis projeté dans l'avenir proche et j'ai déjà ressenti cette envie de mordre quiconque oserait l'approcher de trop près. **+ 9 points d'instinct paternel.**
- Elle est née depuis quelques heures et je ne m'imagine déjà plus vivre sans elle. **+ 100 points d'instinct paternel.**

Bon… je pense pouvoir répondre que je n'ai pas l'instinct paternel à zéro mais que, tant qu'on ne se pose pas la question, il est difficile de s'en rendre vraiment compte. »

Si bébé ne sourit pas et pleure beaucoup, ce n'est pas parce qu'il ne vous aime pas. C'est parce qu'il ne sait pas encore exprimer ses sentiments.

QUAND DEVIENT-ON PAPA ?

Posez la question à vos amis, vos collègues, et vous serez certainement surpris de voir la diversité de leurs réponses. Pour certains, ça a été immédiat, dès les premières nausées de la maman. Pour d'autres, ça a été à la naissance de leur bébé.
Le sentiment d'être père ne vient pas d'un coup. Il se construit au fur et à mesure, au fil de la grossesse, de la naissance, des premières semaines. Il vient même parfois sur le tard. Tous les scénarios sont possibles. À chacun son histoire...

Comment booster votre instinct paternel ?

1 Faites des câlins peau à peau avec votre bébé et écoutez battre son cœur.

2 Regardez-le dormir en vous attardant sur les détails trop mignons : sa petite lèvre gonflée après la tétée, ses doigts délicats, sa nuque toute douce, là, juste sous l'oreille...

3 Prenez un moment après le bain pour le masser doucement avec de l'huile d'amande douce et le découvrir centimètre par centimètre.

4 Occupez-vous-en le plus souvent possible.

5 Parlez-lui.

6 Lisez « Comment établir le contact avec ce petit être étrange ? » (p. 106).

« 33 »

Comment survivre à la première semaine à 3 ?

1 + 1
= vachement plus de boulot !

« Cette première semaine à trois est un peu notre semaine de rodage en tant que parents tout neufs. **Une semaine de mise en place d'un nouveau rythme.** Une semaine de réglage de nos vies selon notre fille et notre fatigue.

« Je m'occupe des nuits pour que tu puisses récupérer plus rapidement, chérie. Pas de problème ! » Enfin, pas de problème, c'est une façon de parler car ma fille semble se prendre pour une clubbeuse à Ibiza. Dormir la nuit ? C'est pour les faibles ! En plus, les bras de papa sont bien plus confortables que ce lit à barreaux. Du côté de la maison, c'est un peu Verdun au plus fort des combats. Comme on profite du moindre moment de sieste de la miss pour se reposer un peu, le temps consacré au rangement et au ménage a été considérablement revu à la baisse.

Heureusement, on a décidé de reprendre les choses en main en appliquant une organisation semi-militaire. Les corvées, les siestes, les nuits, les courses, le bain, les biberons, nous nous y collerons à tour de rôle et de manière équitable.

Vivement la fin du rodage qu'on puisse atteindre une bonne vitesse de croisière. »

La very bad idea

Ne rien faire sous prétexte qu'« elle le fait beaucoup mieux que moi ».

DIY : la lessive, en trois étapes

1 **Faites trois tas :** un tas de noir et de couleurs très foncées, un tas de blanc et de couleurs très claires et un tas de couleurs vives.

2 **Lavez par tas de couleurs :** les vêtements en synthétique à 30 °C et les serviettes et draps en coton à 60 °C. Certes, c'est sommaire, mais pour l'instant, c'est suffisant.

3 **Un peu de lessive,** quelques larmes d'adoucissant (ou pas)… et c'est fait !

LES TRUCS QUI SAUVENT LA VIE

- Si les repas au biberon se passent bien à la maternité, achetez exactement le même matériel (biberons/tétines) et le même lait.
- Préparez les biberons à l'avance (ils se conservent 24 heures au réfrigérateur).
- Espacez les bains en faisant une toilette de chat à BB un jour sur deux.
- Acceptez l'aide qu'on vous propose (même celle de belle-maman).
- Dormez dès que vous le pouvez : oui, même en pleine journée !

Heureusement que j'ai pris mon congé de paternité !

‹ 34 ›

Les grands renoncements

« **Avant**, on aimait bien partir sur un coup de tête pour faire un petit resto suivi d'un ciné en amoureux. **Maintenant**, rien que l'idée me fatigue. En plus, on n'a pas encore cherché de baby-sitter et on n'a pas encore osé confier notre fille aux mamies.

Avant, on pouvait combler un manque de cinéma par un bon film à la maison en mettant le son à fond pour bien profiter des effets spéciaux. **Maintenant**, le niveau sonore de la télé ne dépasse pas celui d'un pet de moustique. « Attends, notre fille dort enfin. On ne va pas prendre le risque de la réveiller. »

Avant, on n'aimait pas laisser traîner la vaisselle du soir dans l'évier. **Maintenant**, la voir s'amonceler jusqu'au lendemain me fait le même effet que d'ignorer le troisième prénom du prince Albert de Monaco.

Avant, j'avais du mal à me coucher avant minuit et demi. **Maintenant**, j'ai du mal à pouvoir me coucher tout court. »

À ranger, jeter ou donner... car je ne suis pas près de m'en resservir.
Mon réveil, mon vélo, mes guides de voyage, mon beau blouson en daim, mes livres de cuisine, ma guitare, mon rameur, popol...

Liste non exhaustive de ce à quoi il va falloir renoncer…

- Vivre sans montre.
- Dor-mir !
- Discuter tranquillement avec la maman.
- Voyager léger.
- Jouer à *Call of Duty* en ligne toute la nuit.
- Jurer comme un charretier au volant.
- Les petites soirées cool entre amis.
- Les grasses mat'.
- Rester 5 minutes peinard aux toilettes.
- Les grands et longs voyages.
- La maison propre et bien rangée.
- Le silence.
- Lire sans être interrompu toutes les 3 lignes.
- Manger ce que je veux, quand je veux dans la position que je veux.
- Les câlins ardents improvisés, la porte ouverte.
- La spontanéité.
- Les sorties ciné ou resto (car ça + la baby-sitter = un bras).
- Mes grands principes d'avant, du temps où je n'avais pas d'enfant (voir aussi « En rétropédalage » p. 132).

- BB n'aura pas de tétine… loupé !
- On ne le prendra jamais dans notre lit… loupé !
- On ne courra pas au moindre cri… loupé !
- On ne parlera pas que de lui… loupé !

De Patachon… à Papachou !

< 35 >

J'upgrade ma voiture en mode « tuning bébé »

“ **Avant** de devenir père, quand je choisissais une nouvelle voiture, je m'attardais sur des options et des détails bien différents de ceux que je considère **aujourd'hui** comme indispensables.
Avant, j'étais sensible aux lignes aérodynamiques. **aujourd'hui**, je leur préfère l'aspect char d'assaut pour transport de troupes.
Avant, je n'imaginais pas choisir un véhicule peint de certaines couleurs. **Aujourd'hui,** la seule chose qui importe, c'est qu'elle soit peu salissante car je n'ai même plus le temps de passer chez l'Éléphant Turquoise pour décrasser titine.
Avant, j'hésitais sur les motifs de la sellerie. **Aujourd'hui,** je regarde si les taches de vomi ou de jus de fruit se verront sur les sièges et si la moquette ne retiendra pas trop les miettes de pain et de biscuits.
Avant, je regardais si mon VTT serait facilement transportable en abaissant les sièges arrière. **Aujourd'hui,** je calcule mentalement le volume du coffre pour m'assurer qu'on y mettra facilement une poussette, un lit pliant, un sac à langer, des sacs de jouets et de vêtements pour les enfants... (et éventuellement une microvalise pour nous, les parents).
Avant, j'achetais des voitures. **Aujourd'hui,** j'achète des familiales. ”

Avant, je rêvais de cabriolets. Mais ça... c'était avant.

POUR ÉVITER LA TERRIBLE « COMPLAINTE DU MÔME EN BAGNOLE », N'OUBLIEZ PAS...

- Le doudou !!!
- La tétine.
- De l'eau fraîche dans un biberon (ou un gobelet antifuites).
- Du papier absorbant.
- Un sac plastique (en cas de vomi).
- De quoi changer bébé : couches/lingettes et habits de rechange...
- De la musique douce.
- Des livres «maousse» costauds.

« Et quand il aura un peu grandi... »

- Plein de petits jouets (à donner au compte-gouttes).
- Des biscuits.
- Et toujours des livres, des livres...

Fini Muse et Shaka Ponk à fond dans la voiture. Maintenant, c'est Aldebert ou *Le Soldat rose* !

* Émission culte pour le tuning de l'extrême

M. Gadget, c'est moi !

« 36 »

Mes nouveaux meilleurs potes

« L'avantage de ne plus faire de nuits complètes, c'est qu'on peut mettre à profit ce temps d'éveil imposé pour découvrir des émissions de télévision hallucinantes. Je suis en passe de devenir addict aux ***Déménageurs de l'extrême* et à *MythBusters*,** deux programmes proposés par Discovery Channel. J'en profite également pour rattraper en replay des saisons entières de séries et savoir, de nouveau, de quoi parlent tous mes potes sans enfant.
À propos de potes, je m'en suis fait un nouveau. Je l'adore. On passe beaucoup de temps ensemble. **Il s'appelle Porte-Bébé.** Grâce à lui, je peux enfin libérer mes deux bras. Il est toujours là si je veux faire un peu de rangement, passer l'aspirateur ou même surfer sur le Web. Sans lui, la miss qui ne supporte pas la position horizontale serait greffée à mes bras en permanence. Pour sa défense, ladite miss souffre de RGO (reflux gastro-œsophagien). Tiens, ça me fait penser que j'ai un peu de retard sur la dernière saison de *Grey's Anatomy*. Vivement cette nuit ! »

À utiliser avec modération…

- L'écoute-bébé : pas utile quand on vit en appart, très vite addictif et vraiment gonflant pour les potes.
- Les tétines : qu'il faut remettre, remettre et encore remettre en place… surtout la nuit.

SVP, quelqu'un pourrait-il inventer… ?

- Une appli pour décrypter les pleurs.
- Les couches qui s'autodétruisent (avec leur contenu).
- Les lunettes bioniques pour retrouver instantanément son doudou.

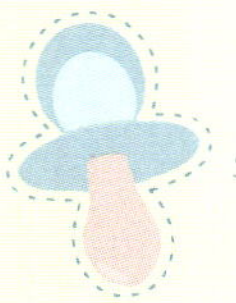

À VOUS PROCURER D'URGENCE

☆ La tétine car, au début, c'est le seul moyen de calmer le besoin de succion de bébé.

☆ Une couverture miracle pour l'emmailloter.

☆ Un porte-bébé qui s'installe rapidement (genre porte-bébé chinois).

☆ L'option replay ou un abonnement VOD pour voir, malgré tout, la suite de *Game of Thrones*.

☆ Des boules Quies pour faire la grasse mat' (en alternance avec la maman, bien sûr).

‹ 37 ›

Le trouillomètre (de nouveau) à zéro

Un papa averti en vaut deux !

« J'ai déjà lu pas mal de choses concernant la mort subite du nourrisson, et j'ai parfaitement conscience du risque. Cela me glace le sang. Mais depuis que j'ai lu ce témoignage de mère sur un forum de discussion, je suis à la limite de l'obsession. Si ma fille dort quelques minutes de plus qu'à son habitude, je ne peux m'empêcher d'aller vérifier qu'elle respire. **Il paraît que cette peur ne disparaît jamais vraiment, mais qu'elle s'estompe avec le temps. J'ai hâte.**
En attendant, je sais que nous allons devoir faire face, au quotidien, à d'autres trouilles plus petites. Tiens, l'autre jour, elle s'est cogné la tête. Pas grand-chose, mais suffisamment pour que mon cerveau de jeune parent pense « traumatisme crânien, perte de connaissance, urgences pédiatriques, NFS, CHIMIE, IONO, BIPEZ DEREK SHEPHERD ! » alors qu'un peu de notre pommade à l'arnica a suffi.
Les jeunes parents, c'est rien que des mauviettes. »

LE MOT SAVANT DU MOMENT

Fontanelle : membrane souple située entre les os du crâne d'un bébé, avant l'entière ossification de ce dernier (vers 18 mois, 2 ans au plus tard).

Les mesures anti-mort subite du nourisson

1 Avoir lit et matelas conformes aux normes de sécurité.

2 Pas de draps, de couettes, de couvertures, d'oreiller, de doudous dans son lit : un drap du dessous, une gigoteuse, et c'est tout.

3 Aérez la chambre de BB au moins 10 minutes par jour.

4 Ne fumez pas, et surtout pas dans sa chambre.

5 Réglez la température de sa chambre à 18 °C-20 °C.

6 Nettoyez bien son nez s'il est enrhumé.

7 Ne le couchez pas directement après une tétée.

8 Ne dormez pas avec lui.

Maintenant, j'ai peur pour lui !!!

Les peurs et les remèdes

- **Faire tomber bébé** → tenez-le bien contre vous, ne le laissez jamais seul sur sa table à langer, ne courez pas avec lui dans les bras…
- **Le brûler** → vérifiez à chaque fois la température du biberon après l'avoir bien secoué (en versant quelques gouttes sur l'intérieur de votre poignet) ou du bain (en plongeant le coude dans l'eau).
- **Abîmer la fontanelle** → elle est fragile, certes, mais elle résiste très bien aux shampooings, aux petits frottements et aux massages.

‹ 38 ›

En fait, c'est super cracra, un bébé !

La very bad idea

Faire sa chochotte et dire : « Ah non, là, je ne peux vraiment pas ! »

“ Minimum 1,50 mètre !!! « Chérie ? Je crois que nous avons engendré la nouvelle championne du vomi ! Notre fille vient de battre le record du jet de régurgitation le plus long du monde. » Et, coup de bol, cette fois-ci je ne la tenais pas tournée vers moi mais vers le chat (qui, de son côté, vient de battre le record du monde de sprint félin). À croire que je commence à développer mon expertise en matière de prévention des risques d'être repeint de la tête aux pieds.

Mais ce n'est pas tout ! C'est qu'elle est pluridisciplinaire, la petite.

Elle est également championne de France de la couche qui déborde, double championne d'Europe de bave sur vêtements propres et vice-championne olympique du pet de couche qui fait vibrer ton bras.

Nan, vraiment, je suis heureux d'avoir une fille qui me rappelle quotidiennement les cartes « Crados » de ma jeunesse. ”

Mais comment un bébé aussi petit peut-il faire d'aussi gros cacas ?

QUID DES RÉGURGITATIONS ?

Signe distinctif : traînées laiteuses sur vos épaules.

Taux de gravité : extrêmement bas.

Taux de pénibilité : extrêmement haut (pour vos belles chemises).

Explication : Bébé a bu trop de lait ou a bu trop vite.

Que faire ? Changer le débit de la tétine (ou changer de tétine) ; faire une pause au milieu du biberon ; ne pas le forcer à tout boire ; recouvrir vos belles chemises d'une serviette de toilette.

Le système digestif des bébés n'est mature que vers 3 mois, ce qui explique ces pets en rafale.

Ça pouire, messire !

Mon worst-off

- Le caca vert jusqu'au milieu des omoplates !
- Le dégueulis dans la voiture juste au moment où on arrive à destination !
- Le dégueulis sur le jonc de mer qu'on vient juste de poser...
- Les prouts à asphyxier un troll !

« 39 »

Biberonnage à tous les étages

À moi les gros câlins de la tétée !

“ **Jamais je n'aurais cru devenir expert en préparation de biberon à une main,** catégorie semi-obscurité. J'ai développé cette faculté la nuit, faute de pouvoir poser la miss sans qu'elle se mette à hurler et réveille ma femme, le temps que je lui prépare son biberon.

Au début, j'avoue avoir pas mal galéré car dévisser le biberon, verser le bon nombre de doses de poudre, ajouter l'eau jusqu'à la bonne graduation, revisser l'ensemble avant de le secouer énergiquement avec une seule main, c'est du sport.

En plus de cela, la demoiselle manquant cruellement de patience, il me faut réaliser cet exploit aussi rapidement que possible. Heureusement, notre pédiatre nous a dit que nous pouvions lui donner le biberon à température ambiante. Je gagne donc de précieuses secondes. ”

Le bon débit

Si aucune bulle ne remonte quand Bébé boit… c'est qu'il ne prend rien. Si une colonne de bulles remonte quand Bébé boit… c'est qu'il boit trop vite. Dans les deux cas, changez le débit de la tétine.

Âge	Quantité par 24 heures
De 0 à 1 mois	→ 6 biberons de 90 ml
De 1 à 2 mois	→ 6 biberons de 120 ml
De 2 à 3 mois	→ 5 biberons de 150 ml
De 3 à 4 mois	→ 4 ou 5 biberons de 180 ml
De 4 à 5 mois	→ 4 biberons de 210 ml
De 5 à 6 mois	→ 4 biberons de 240 ml

LA RÈGLE DE 30

Pour savoir quelle quantité de lait mettre, rien de plus simple : divisez le nombre de millilitres par 30 et vous obtenez le nombre de dosettes rases à ajouter. Exemple : pour un biberon de 180 ml, il faut : 180 : 30, soit 6 doses de lait !

Ultimes précautions

1 Pour mélanger le lait et l'eau sans vous asperger, faites rouler le biberon entre vos mains.

2 Ne réutilisez jamais un biberon entamé.

3 Attendez que Bébé ait fait son rot pour le coucher, ou 15 à 30 minutes (le temps que tout soit bien descendu au fond de son estomac).

Vitesse de tétines

1 ou I ou * = lente
2 ou II ou * * = modérée
3 ou III ou * * * = rapide

Pour la régler, mettez le numéro de la vitesse choisie sous le nez de bébé.

« 40 »

Quid de l'allaitement ?

Au début, Bébé tète 10 à 12 fois par 24 heures.

« Qu'aurais-je fait si j'avais été une femme ? Aurais-je tenté l'allaitement ou aurais-je fait le choix des biberons ?
La question peut paraître saugrenue, mais elle ne l'est pas tant que ça.
Je ne sais pas si nous, les mecs, avons véritablement conscience de ce qu'est l'allaitement maternel. J'ai compris en lisant de nombreux témoignages que ça pouvait être folklorique. Bébé qui refuse de téter, angoisse de se demander s'il a assez pris ou non de lait, montées de lait, seins qui fuient, vergetures, abcès…
Non, vraiment, c'est loin d'être évident tout de suite.
Et je ne vous parle même pas du regard des autres, des questions de pudeur ou même de cet appareil au top du glamour qu'on appelle tire-lait et qui n'est pas sans rappeler quelques épisodes de *L'amour est dans le pré*.
Mais j'ai également lu tant de choses positives.
L'aurais-je allaité si j'en avais eu la capacité physique ? Je me pose encore la question… »

Pour un papa, c'est à la fois admirable et frustrant.

Pour trouver votre place dans tout ça

- Prenez en charge le bain de bébé.
- Promenez-le en kangourou.
- Quand l'allaitement est bien installé, demandez à la maman de tirer son lait pour pouvoir donner le biberon de temps en temps, ce qui facilitera aussi le sevrage quand le moment viendra.

LES MOTS SAVANTS DU MOMENT

Coquilles : coupelles qui soulagent les tensions des seins et permettent de récupérer l'excédent de lait.

Coussinets : sortes de mini-éponges qui empêchent les fuites de lait.

Protège-mamelons : embouts en silicone que la maman met en cas de crevasses pour diminuer la douleur.

Tire-lait : vraiment ? Vous ne devinez pas ce que c'est ? Je vous fais un dessin ?

Comment aider la maman ?

1 Soutenez-la envers et contre tout/tous.

2 Créez-lui un environnement agréable pour la tétée.

3 Aidez-la à trouver la bonne position.

4 Facilitez-lui la vie : faites les courses, le ménage, la cuisine…

5 Prenez le relais quand arrivera le moment du sevrage.

« 41 »

Le changement de couches, c'est maintenant !

J'ai fait beaucoup de progrès en apnée !

« Vu l'odeur qui émane du fessier de la demoiselle, je crois pouvoir dire que « le changement, c'est maintenant » !

- Moi, président du caca atomique, je ferai en sorte que les bébés ne restent pas plus de 1 minute dans leur couche souillée.
- Moi, président du caca atomique, je n'utiliserai pas de lingette avec des produits chimiques qui irritent les popotins.
- Moi, président du caca atomique, je n'appellerai pas ma femme à la rescousse dès le premier débordement de body.
- Moi, président du caca atomique, je ne ferai pas semblant de ne rien sentir et ne refourguerai pas discrètement le bébé qui pue à sa mère en prétextant une urgence.
- Moi, président du caca atomique, j'assumerai pleinement la charge qui est la mienne en allant jusqu'au bout du changement et saurai me faire discret dès que la situation sera revenue à la normale.
- Moi, président du caca atomique, je profiterai de ces moments imposés pour instaurer le dialogue et faire qu'il soit instructif et divertissant. Ensemble, construisons un monde de fesses douces. »

Pour savoir si la couche est suffisamment – mais pas trop – serrée, vérifiez que vous pouvez passer l'index entre la couche et le petit ventre de Bébé.

DIY : « je change les couches comme un grand »

1 Allongez bébé sur la table à langer (sans le lâcher !).
2 Ouvrez les pressions de son pyjama et dégagez ses jambes et ses fesses.
3 Ouvrez les pressions du body et remontez-le bien haut.
4 Retenez votre respiration.
5 Ouvrez la couche et rabattez aussitôt sous ses fesses.
6 Oubliez instantanément ce que vous venez de voir.
7 Jetez la couche sale dans la poubelle judicieusement posée à vos pieds.
8 Respirez à nouveau.
9 Lavez-le bien partout en allant aussi dans les petits plis.
10 Séchez si nécessaire en tamponnant doucement avec une serviette douce (insistez au niveau des plis).
11 Mettez-lui sa couche en faisant ressortir les fronces sur les côtés (sinon gare aux fuites !!!).

JET DE PIPI EN PLEINE FACE : PAPA ÉLIMINÉ PAR KO

Pour ne pas vous prendre un jet de pipi dans l'œil en changeant votre petit garçon, pensez à plaquer son zizi avec un coton genre « si tu fais pipi, c'est sur toi, pas sur moi, na, na, na ! ».

Pas du tout, mais alors là pas du tout envie d'essayer les couches lavables… mais quand même envie de faire un geste pour la planète ? Passez aux couches biodégradables !

‹ 42 ›

Pour que le bain soit un plaisir partagé

La bonne température de l'eau ? De 35 à 37 °C, selon les bébés.

« Elle paraît si heureuse maintenant quand on la met dans son bain. Pourtant, quand je me remémore le tout premier que je lui ai donné à la maternité alors qu'elle hurlait de colère, ce n'était pas gagné. Là, elle flotte, rassurée par mon bras qui la maintient.

Elle ouvre grand ses yeux et me fixe avec insistance en agitant maladroitement ses gambettes de grenouille. Elle profite de ce bain juste à la bonne température sans se préoccuper de l'issue finale qui, comme à chaque fois, devrait remettre en route la machine à hurler. Car, même s'il fait chaud dans la salle de bains, même si nous choisissons la plus moelleuse des serviettes, aucune précaution n'est suffisante. Elle déteste par-dessus tout qu'on mette fin à **ce doux moment** et nous le rappelle toujours très bruyamment. »

Note pour la prochaine fois

Bien dégager le chemin jusqu'à la table à langer.

N'hésitez pas à monter le chauffage dans la pièce pour que Bébé n'ait pas froid.

Ce qu'il faut avoir à portée de main pour le bain

- Un gant propre.
- Du produit pour le bain.
- Du shampooing.
- Le thermomètre de bain.
- Une serviette douce.
- Une brosse douce.
- Ses éventuels produits de soin.
- Des couches propres.
- Un body + une tenue propre.

Certains bébés sont terrifiés par le jet du pommeau de la douche. Si c'est le cas, glissez-le dans un gant pour que l'eau coule plus doucement !

Propre comme un sou neuf !

LA MARCHE À SUIVRE

☆ Faites couler un fond d'eau dans la baignoire.

☆ Vérifiez la température de l'eau.

☆ Déshabillez Bébé.

☆ Tenez-le d'une main par l'aisselle en posant sa tête sur votre avant-bras et de l'autre main par les fesses.

☆ Mettez-le dans l'eau en libérant la main qui tenait les fesses (mais surtout pas l'autre !).

☆ Mouillez-le doucement avec le gant (en évitant de lui en mettre plein les yeux).

☆ Savonnez-le.

☆ Rincez-le au gant.

☆ Sortez-le de l'eau.

☆ Séchez-le en tapotant délicatement avec une serviette douce et en pensant à aller au fond des petits plis.

☆ Habillez-le en commençant par le haut, pour qu'il ne se refroidisse pas.

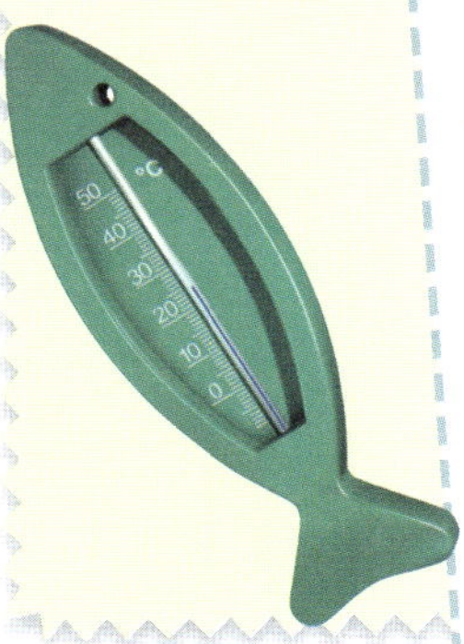

« 43 »

J'apprends à jouer à la poupée

“ **Que celui qui a inventé le body pour bébés se dénonce sur-le-champ !** OK, le vêtement est pratique car il lui évite d'avoir le ventre à l'air même s'il gesticule dans tous les sens, mais ce truc me rappelle cruellement que je manque d'entraînement en habillage de poupées. Je ne compte plus les fois où j'ai mal assemblé les boutons-pressions, ni celles où j'ai enfilé trop vite le pantalon en oubliant de fermer le body. Et pour les robes ? Je dois les faire passer par la tête ou par le bas ?
Non parce que si je les passe par la tête, je vais ruiner tous les efforts fournis pour lui faire une pseudo-coiffure. J'ai quand même passé 6 minutes à lui fixer cette barrette à cheveux. Ça m'embêterait beaucoup d'avoir à recommencer ! ”

Prête pour la Fashion Week !

Les vêtements top pratiques à mettre et à enlever

- Les bodys et les pyjamas qui s'ouvrent par-devant.
- Les pantalons et les pyjamas avec des pressions tout le long de l'entrejambe.
- Les hauts, tuniques, robes, gilets qui s'ouvrent sur toute la hauteur.
- Les vêtements contenant du Lycra et sur lesquels on peut tirer à loisir sans craindre de les abîmer.

Et pour la coiffure...
faites-la en dernier,
quand bébé
sera habillé !

Les petits trucs qui simplifient la vie

- Tirez sur l'encolure pour l'agrandir avant de la passer sur la tête de Bébé.
- Pour lui enfiler son gilet, mettez-le sur l'envers, glissez la main dans une manche, prenez sa petite menotte et glissez la manche sur son bras.
- Faites pareil pour les pantalons… avec les pieds, pas les mains, bien sûr !
- Ne traînez pas trop, sinon Bébé va s'impatienter.
- Habillez-le en deux temps : d'abord le haut, puis le bas, pour qu'il n'ait pas froid.
- Pour l'occuper, chantonnez une chanson du style « papa est en train de galérer avec ce maudit pyjama, la, la, la ».

‹ 44 ›

Comment établir le contact avec ce petit être étrange ?

« Au début, on ne va pas se mentir, les interactions sont tout de même relativement limitées. Les deux fois où j'ai cru que ma fille me faisait un sourire, ma femme m'a dit « non, c'est parce qu'elle a des coliques ». Ah…

Mais comme je suis persuadé qu'il est important de lui parler pour l'éveiller au maximum, **je me suis spécialisé dans les monologues sur tout et n'importe quoi.** Par exemple, quand je lui change sa couche, ça peut donner « Tiens, j'ai vu qu'ils allaient diffuser *Retour vers le futur* demain soir. Ça fait partie des films cultes, tu sais. Un jour, je te le ferai découvrir et tu trouveras ça probablement trop nul parce que c'est un film de vieux. Sinon, ça va, toi ? Ouh là, tu m'as fait un caca atomique… » Et blablabli et blablabla. Le mieux, c'est que tout cela a l'air de la passionner.

Toi, poupinet. Moi, papounet d'amour.

J'ai hâte qu'elle me réponde et qu'on discute vraiment. En attendant, j'ai découvert que la miss était chatouilleuse en provoquant son premier éclat de rire grâce à une attaque sournoise de « bisou-prout » dans le cou. Et, ça, c'est de l'interaction de compet'. »

La very bad idea

Attendre que BB parle pour commencer à le trouver intéressant.

MARCHE À SUIVRE

- Asseyez-vous dans le canapé, installez BB face à vous sur vos cuisses et observez-le.
- Dites-lui que vous êtes son papa et que vous allez prendre soin de lui.
- Appelez-le souvent par son prénom ou le petit surnom que vous lui avez donné.
- Chantez-lui une petite chanson, toujours la même (même si vous tenez plus d'Assurancetourix que de Sinatra). Un jour, vous verrez, il la reconnaîtra.
- Faites-lui des sourires, des grimaces rigolotes... S'il ne vous décoche pas un grand sourire, ça ne saurait tarder.

Même s'il donne l'impression d'être dans son monde à lui, Bébé sait que vous êtes là et il reconnaît votre voix. Donc non, vous ne perdez pas de temps à lui parler ou à lui faire des gouzis-gouzis sur le ventre. Bien au contraire !

Son jouet préféré, c'est moi ! Je parle, je chante, je fais des grimaces...

‹ 45 ›

Comment comprendre son BB sans décodeur ?

La very bad idea

S'énerver après son bébé quand il hurle.

« Je crois que ta fille a faim, là.
– Faim ? Ah non. Là, elle pleure parce qu'elle a fait caca. Ou, éventuellement, parce qu'elle a mal au ventre. Les deux pleurs sont assez proches, en fait.
– Oh ? Tu arrives à différencier ses pleurs ? Respect.
– Tu sais, je n'ai aucun mérite. Comme elle pleure souvent, mon oreille s'est affinée. C'est comme quand tu veux apprendre l'anglais, le mieux c'est de partir à Londres plusieurs semaines en immersion, tu vois. Là, **je suis quasiment bilingue.** Enfin, bilingue, rien n'est moins sûr. Disons que j'arrive à m'en sortir pour tout ce qui est basique. J'imagine que, quand elle sortira ses dents ou qu'elle me fera des bizarreries inédites, je rêverai d'avoir à mes côtés un Nelson Montfort de la parentalité : *Whaaaat a wonderful hurlement ! She says that her fu***** teeth are sorting !* »

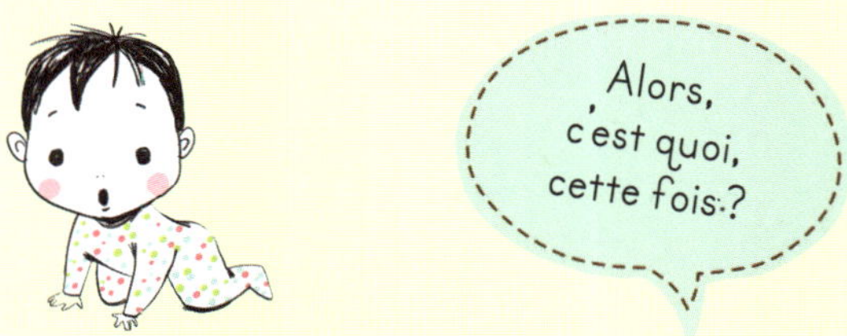

Le ouinouinage expliqué aux papas

Ouiiiin 1 : tu te laisses pousser la barbe, maintenant ? Ça gratte, et puis ça me fait peur...
Ouiiiin 2 : un truc me gêne (le soleil dans les yeux, d'être coincé dans mon siège bébé, d'avoir la couche pleine...).
Ouiiiin 3 : j'ai mal quelque part (à toi de trouver où maintenant).
Ouiiiin 4 : je m'ennuie !
Ouiiiin 5 : un bib' ! Maintenant !!!
Ouiiiin 6 : je veux que tu me prennes dans tes bras pour faire un câlin.
Ouiiiin 7 : tu ne peux pas me lâcher un peu ?
Ouiiiin 8 : tout ça m'a donné sommeil.
Ouiiiin 9 : en fait, non, je veux rejouer.
Ouiiiin 10 : je suis quand même vachement crevé.
Ouiiiin 11 : j'ai perdu ma tétine, mon doudou...
Ouiiiin 12 : mais quand est-ce que j'arriverai à attraper mon pouce pour le sucer ?
Ouiiiin 13 : mais puisque je te dis que je n'ai pas somm... rrrrrrrrrrrrrrrrr...
Ouiiiin 14 : c'était quoi, ce bruit ?
...

LE MOT SAVANT DU MOMENT

Pleurs de décharge : pleurs qui libèrent des tensions avant l'endormissement et qui ne durent en général qu'une dizaine de minutes... en théorie !

« 46 »

Mon nouveau terrain de jeu...

Moi, aimer aller chez le médecin ! Qui l'eût cru ?

“ La première fois que je suis allé chez le pédiatre seul avec ma fille, ça m'a fait tout drôle de voir que j'étais le seul père dans la salle d'attente du pédiatre. D'ailleurs, les mères présentes étaient visiblement aussi surprises que moi.

Mais, dès la deuxième visite, j'ai profité de la situation pour jouer au coq moderne au milieu de la basse-cour. **Le coq moderne,** c'est le coq qui veut montrer aux autres qu'il est capable de s'occuper d'un poussin aussi bien que les poules. J'ai même parfois poussé la démonstration jusqu'à changer une couche alors qu'il n'y avait aucune urgence. Ce jour-là, j'ai vu dans le regard des mères **une forme de respect** teintée d'acceptation.

Aujourd'hui, j'ai même le sentiment d'être **le chouchou du pédiatre.**

En même temps, on se voit si régulièrement *[soupir]* qu'il fait presque partie de la famille... ”

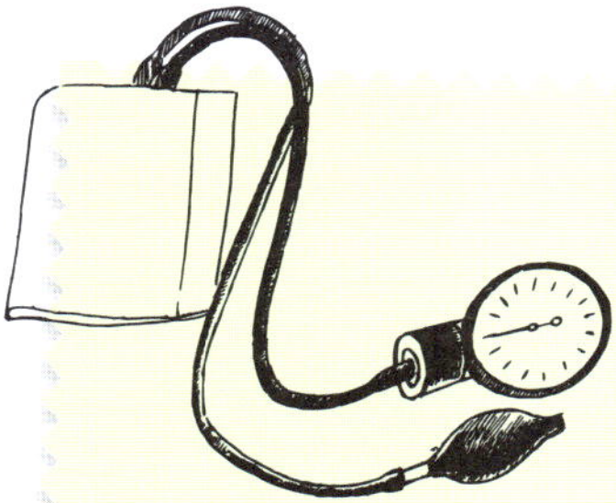

Pour trouver le bon pédiatre, revenez aux bonnes vieilles techniques d'av. I.-T. (avant Internet) : le bouche-à-oreille. Rien de mieux pour dénicher la perle rare. Autres critères à prendre en compte : le temps de trajet pour y aller, le temps d'attente, l'aménagement de la salle d'attente (elle doit être propre, gaie, confortable et dotée de petits jeux)...

À VOTRE AGENDA !

La première année, il y a 8 visites médicales obligatoires :

☆ une dans les 8 jours qui suivent la naissance ;
☆ une chaque mois, du 1er au 6e mois ;
☆ une entre 9 et 12 mois.

Note pour la prochaine fois

Penser à prendre :

@ le carnet de santé de bébé ;
@ sa tétine ;
@ son doudou ;
@ de quoi le nourrir et le désaltérer si besoin ;
@ des petits jeux calmes et des livres…

… et à télécharger une appli « berceuses bébé ».

‹ 47 ›

Dans la blouse du Dr House

« « Qu'est-ce qu'on a ? Un cas de nez qui coule ? OK. Je vois.
On va laver tout ça avec du sérum physiologique avant de faire deux pschitts du truc, là. Non, pas ce truc-là, l'autre. Celui qu'on donne systématiquement quand le nez coule. Voilà, ce truc-là.
Immobilisez la patiente. »
Arf, mince, je suis tout seul. **Ça promet d'être sportif.**
« Bon, allez ma chérie. Je sais que tu détestes ça mais papa doit laver ton nez avec du sérum phy et, juste après, je te ferai deux coups de pschitt. »
Étant seul, j'utilise une serviette de toilette pour la saucissonner, enfin, pour l'immobiliser. Et me voilà parti pour une énième intervention du genre. Je suis passé spécialiste en nettoyage de pif ainsi qu'en pschitt de truc, là.
D'ailleurs, j'attends incessamment sous peu l'appel de la faculté de médecine pour qu'elle me propose d'enseigner la méthode aux jeunes étudiants.
Patient suivant ! »

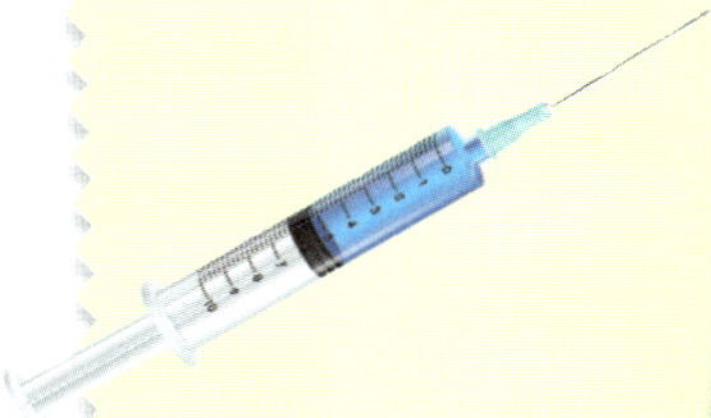

Les vaccins

Beaucoup sont conseillés, mais un seul est obligatoire : le DTP, contre la diphtérie, le tétanos et la polio. À faire à 2 mois avec deux rappels : un à 4 mois et un à 11 mois.

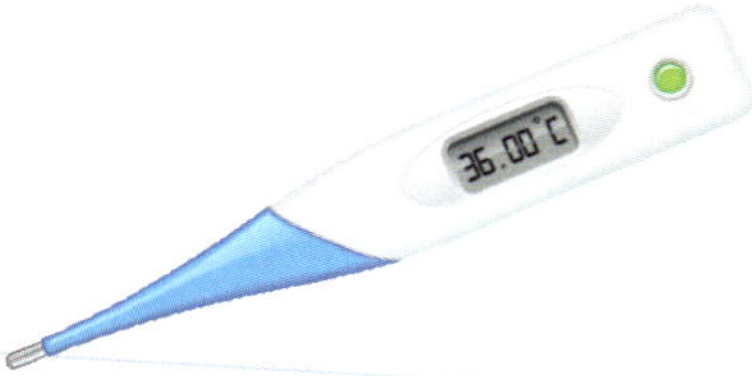

Le meilleur réconfort ? Les gros câlins.

Dans ma panoplie de docteur, il y a…

1 un thermomètre frontal (pour checker rapidement sa température) ;
2 un thermomètre rectal (pour avoir une mesure précise) ;
3 un tube de vaseline ;
4 du sérum physiologique pour lui laver le nez, les yeux…
5 des minidoses de solution d'eau de mer pour les lavages de nez enrhumé ;
6 des sachets de réhydratation ;
7 du Doliprane® dosé pour les bébés ;
8 du gel gingival ;
9 plein de tubes d'homéopathie (Camomilla pour les dents, Arnica pour les bobos…),
10 des compresses stériles et des pansements de toutes tailles ;
11 de l'éosine (parce que le rouge, ça a un super pouvoir guérissant) ;
12 un antiseptique qui ne pique pas ;
13 de l'Homéoplasmine® pour les irritations ou les légères égratignures ;
14 du Dapis® contre les piqûres d'insectes ;
15 de la Biafine® contre les brûlures.

LES PETITS BOBOS COURANTS

☆ BB a des coliques

→ Évitez qu'il avale de l'air en buvant : tenez le biberon bien droit pour que le lait recouvre tout l'intérieur de la tétine.

→ Mettez votre bébé contre vous à la verticale après la tétée le temps qu'il fasse son rot. Si le rot ne vient pas, attendez une bonne demi-heure avant de le recoucher.

→ Massez-lui le ventre dans le sens des aiguilles d'une montre.

→ Mettez-lui un doudou-bouillote chaud sur le ventre. Donnez-lui du Calmosine®.

☆ BB a de la fièvre

→ S'il a moins de 3 mois ou plus de 38,5 °C, appelez votre médecin.

→ Découvrez-le (laissez-le en body ou en couche).

→ Faites-le boire souvent.

→ Mettez-lui un gant imbibé d'eau fraîche sur le front.

→ Donnez-lui un Doliprane®.

☆ BB tousse

→ Mettez-le dans son transat ou surélevez son matelas.

→ Faites-le boire souvent.

☆ BB a le nez bouché

→ Mouchez-le ou nettoyez-lui le nez souvent.

→ Faites-le boire souvent.

→ Fractionnez ses repas s'il a du mal à manger.

☆ BB est constipé

→ Faites-lui un biberon sur deux avec de l'Hépar®.

→ Dégainez le bon vieux pruneau, sous forme d'ampoules ou de fruits secs.

→ Donnez-lui plus de fibres (légumes et fruits) à manger.

☆ BB a la diarrhée

→ Faites une pause dans les biberons.

→ Faites-lui boire une solution de réhydratation ou de l'eau.

→ Remplacez les fibres par du costaud : riz (avec le jus de cuisson), pâtes, banane écrasée...

☆ BB a vomi

→ Faites-lui boire de l'eau ou une solution de réhydratation.

→ Mettez-le en position semi-assise dans son transat.

→ Ne le forcez pas à manger.

→ Faites-le manger peu mais souvent.

→ Laissez-le manger ce qu'il veut le temps qu'il reprenne des forces.

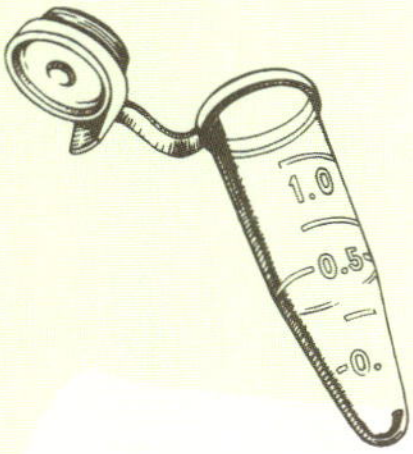

Nooooooon, pas les piqûres !

Comment lui donner ses médicaments ?

• Faites-le à un moment où votre enfant est calme et détendu (et vous aussi !).
• Expliquez-lui ce que vous allez faire et pourquoi (exemple : te moucher pour que ton nez arrête de couler). Même s'il ne comprend pas, le son apaisant de votre voix le rassurera.
• Troquez la petite cuillère contre une pipette.
• Faites fondre les remèdes homéopathiques dans un fond d'eau.
• Abusez de la vaseline et des métaphores « petite voiture qui rentre dans le garage » pour prendre sa température ou lui mettre un suppo.

Dans tous les cas, si la fièvre dure plus de 24 heures ou si son état empire, appelez votre médecin.

‹ 48 ›

C'est l'heure du dodo !

Miracle, ça marche !

“ Je ne sais pas combien de temps je vais encore pouvoir utiliser cette méthode, mais, visiblement, elle est d'une efficacité redoutable pour endormir ma fille. Le ventre bien calé sur mon avant-bras semble avoir, sur elle, le même effet qu'un épisode de *Derrick* sur nous. Quand je la positionne ainsi, quelques pas dans la maison suffisent à la plonger dans un profond sommeil. Le plus difficile, c'est d'assurer la transition de mon bras bien chaud à sa gigoteuse préalablement ouverte et positionnée comme il faut sur son lit (quand je n'oublie pas cette étape avant d'enclencher le processus). Trois fois sur quatre, elle se réveille.
Mais j'ai bon espoir d'améliorer ce taux de réussite en tentant l'endormissement sur bras avec gigoteuse déjà enfilée. ”

Si votre bébé s'agite ou babille en pleine nuit, attendez avant d'aller le voir car il est probablement entre deux cycles de sommeil et va bientôt se rendormir.

Pas facile de passer de l'univers étroit, douillet et sonore de l'utérus de la maman à un grand lit tout vide et silencieux. Pour le rassurer, faites-le dormir dans une nacelle ou un berceau plus petit, mettez-lui une petite musique douce…, et, en cas de gros chagrin, laissez-le s'endormir contre vous.

LE MOT SAVANT DU MOMENT

Rituel du soir : petites habitudes que l'on répète chaque soir pendant quelques minutes pour amener un bébé au sommeil comme, par exemple, une chanson, trois tours de mobile, des bisous à chacune de ses peluches, un « bonne nuit mon gros roudoudou d'amour », etc. À mettre en place dès 3 mois. Pas plus de 5 minutes… en théorie !

LES SIGNES QUI MONTRENT QUE BB A ENVIE DE DORMIR

☆ Il est agité.
☆ Il est râlou.
☆ Ses yeux se ferment tout seuls.
☆ Il a l'air complètement ailleurs.
☆ Il bâille.
☆ Il pleure.
☆ Il a les yeux cernés.
☆ Il se frotte les yeux.
☆ Il réclame sa tétine ou son doudou.
☆ Il suce son pouce.
☆ Il se caresse doucement le visage.

Quand Bébé sera calé sur un cycle de 24 heures, donnez-lui un rythme régulier pour le coucher toujours à la même heure, dans la journée comme le soir. Et hop, je te résous le problème de la sieste en même temps.

« 49 »

Une nuit d'enfer...

Tous les bébés pleurent beaucoup entre 2 semaines et 2 mois...

“ Tandis que les slogans de la manif résonnent dans ma tête depuis des heures, je ne peux que constater à quel point **le camarade bébé semble déterminé dans sa lutte contre le sommeil.** « Ce n'est qu'un début, réveillons les papas ! » J'ai pourtant tout essayé mais, à 3 heures du matin, force est de constater que je m'épuise plus vite que le camarade bébé.
« Marchand d'sable, si tu savais, ton dodo, ton dodooooo. Marchand d'sable, si tu savais, ton dodo où on s'le met ! »
Le pire, c'est que, contrairement à moi, quelques minutes de sommeil dans mes bras lui suffisent pour recharger ses batteries. Dès que je la pose dans son lit, elle reprend de plus belle avec une énergie incroyable.
« Papa, t'es foutu, on m'entend même dans la rue ! »
J'ai cédé sur la demande de biberon.
J'ai cédé sur l'augmentation du taux de câlin. J'ai cédé sur les fesses propres et sur le baume pour les dents. Mais il semblerait que rien n'y fasse.
« Dormir, c'est pour les faibles ! Réveillez plus pour veiller plus ! »
Et, alors que j'allais baisser les bras

La very bad idea

S'énerver et secouer son bébé au risque de provoquer des séquelles graves.

et accepter qu'on abandonne tout simplement le point sommeil, le camarade bébé a rangé ses pancartes et ses banderoles, a mis son pouce dans sa bouche, s'est endormi dans mes bras et ne s'est pas réveillé quand je l'ai posé dans son lit.
Les rayons du soleil levant, filtrés par les volets de sa chambre, éclairaient sans pitié les stigmates d'une lutte longue et difficile sur mon visage. ”

Les pleurs décryptés pour vous

- Les pleurs commencent et s'arrêtent sans qu'on comprenne pourquoi. Ce ne sont pas des caprices, mais d'après les spécialistes, un réflexe de survie pour activer la lactation de la maman.
- Ils ne dépendent pas du type d'alimentation (biberon ou sein).
- Ils redoublent d'intensité le soir, souvent à la même heure. Ce sont les fameux pleurs de fin de journée… des pleurs de décharge vous diront les uns, l'angoisse de l'approche de la nuit, vous diront les autres. Bref, c'est l'*happy hour* qui dure de 1 à 2 heures et s'arrête aussi mystérieusement qu'elle a commencé.

Que faire ?

Prenez-le contre vous et marchez un peu en lui parlant doucement pour le calmer. Si rien n'y fait et que vous sentez la colère monter, passez le relais à quelqu'un ou remettez-le dans son lit le temps d'aller décompresser dans la pièce d'à côté.

‹ 50 ›

Et le sesque, dans tout ça ?

Difficile, pour la maman, de reswitcher en mode « femme » après un accouchement. Et c'est d'autant plus difficile si elle est très fusionnelle avec son bébé.

« Le quoi ? Ah, le sesque… J'ai un vague souvenir de ce que c'est, mais j'ai un doute. C'est un sport, c'est ça ? » Bon, OK, j'exagère un peu. Je me souviens de ce qu'est le sesque.
Disons que… je suis encore croyant, mais temporairement, plus tout à fait pratiquant.
Disons que… il va nous falloir un moment pour ranger la chambre tant le précédent locataire y a mis le bazar.
Disons que… nous avons mis le film sur pause il y a quelques semaines et que les piles de la télécommande sont maintenant trop faibles pour que le signal arrive jusqu'au lecteur.
Disons que… la mécanique est belle mais que, du fait de son arrêt prolongé, cela demandera un certain temps avant d'espérer pouvoir remettre les gaz à fond sur le circuit.
Disons que… du coup, ça me laisse un peu de temps pour parfaire mon sens des métaphores. »

Ne laissez quand même pas traîner l'affaire trop longtemps. Au bout de quelques mois, si la situation est bloquée, allez en parler à un spécialiste.

Le plan d'attaque… en douceur !

☆ Ne perdez pas le contact. Continuez à vous parler, rigoler ensemble, boire un petit apéro de temps en temps, vous faire des surprises, des cadeaux…

☆ Embrassez-la, caressez-la, sans pression particulière, juste comme ça pour lui montrer que vous l'aimez. Bref, re-séduisez-la !

☆ Quand ce sera reparti, planifiez les séances crac-crac. OK, c'est pas top romantique, mais en situation de crise, mesures de crise. Cependant, soyez réaliste : deux fois par jour, c'est juste pas possible.

☆ Profitez de la moindre opportunité, aussi brève soit-elle, et faites intense… et silencieux !

☆ Instaurez le rituel du week-end annuel (ou mieux, de la semaine) « fête du slip » avec largage de BB dans la famille ou chez des amis proches et virée tous les deux en amoureux. La suite vous appartient.

‹ 51 ›

Je n'ai pas signé pour ça

La very bad idea
Lui arracher le bébé des bras en disant : « Maintenant, c'est à moi ! »

« Mon pote Fabien et moi sommes devenus papas quasiment en même temps. Nous pouvons ainsi comparer notre évolution en tant que pères et comment tout cela change nos vies. Autant, de mon côté, je suis un père comblé et en total accord avec ma femme pour tout ce qui concerne notre fille, autant Fabien semble souffrir des choix faits par sa chérie. Il se sent complètement exclu de la relation entre sa femme et son fils et supporte mal le maternage intensif que celle-ci semble vouloir adopter. Allaitement, cododo, portage en écharpe permanent, elle ne délègue rien.
Je ne sais pas quoi lui répondre à part, peut-être, que les excès dans un sens ou dans l'autre sont rarement bénéfiques. Qu'il ne faut probablement pas tout rejeter, mais qu'il doit faire comprendre à sa femme qu'il a besoin de trouver sa place de père.
Tous les choix sont respectables tant que chacun y trouve son compte. Et là, ce n'est visiblement pas le cas... »

Au secours, ma chérie se prend pour Super Woman !

Pourquoi il faut vous imposer

- Pour trouver votre place.
- Pour éviter le baby blues de l'une… ou de l'autre.
- Pour être « associés » et non « rivaux » face à bébé.

Prouvez à la maman que vous assurez

- En lavant ou en changeant Bébé (= à chacun sa spécialité !).
- En le gardant lorsqu'elle va faire sa kiné ou doit aller voir son médecin.
- En allant vous promener avec lui le temps qu'elle se repose un peu.
- En lui faisant un gros câlin pour le réconforter.

Et si elle refuse de lâcher prise, faites-lui lire un article sur le burn-out maternel !!!

Décryptage

La maternité est une expérience si intense que certaines jeunes mamans développent un sentiment de toute-puissance qui pourrait se résumer par « moi seule peux bien m'occuper de bébé ». Quand on ajoute à ça le grand retour de l'allaitement et du maternage, qui prône le contact physique quasi permanent avec l'enfant, c'est parfois dur pour le papa de se faire une petite place !

52

Maman a un coup de blues

“ Quand ma femme a fondu en larmes parce que je m'étais trompé de parfum de liquide vaisselle, j'ai compris qu'un truc clochait. Et comme j'avais lu quelques infos à ce sujet, je savais qu'elle était probablement en plein baby blues. Petites choses à savoir…

1) Le baby blues est sournois.

« Chérie, tu ne peux quand même pas décemment me faire tout un flan pour ça. Quelque chose ne va pas ?

– Noooooon ! » (hystérique)

2) Peu de femmes y échappent.

« Toi qui voulais tant un bébé. Pourquoi tu pleures quand tu l'as dans les bras ?

– Je sais paaaaaaas ! »

3) Si on ne le prend pas au sérieux, il peut s'installer durablement et muter en dépression profonde.

« Mais qu'est-ce que tu fais au lit à cette heure-là ?

– Plus la force de rien… »

Bref, le baby blues, c'est vraiment une saloperie qui s'invite chez toi au moment où tu devrais baigner dans le bonheur d'être parent et, croyez-moi, on n'est jamais trop de deux pour le foutre à la porte. ”

LE MOT SAVANT DU MOMENT

Dépression post-partum : baby blues puissance 12 qui touche environ 10 à 15 % des jeunes mamans.

Le baby blues survient 3 à 10 jours après la naissance et touche 50 à 80 % des jeunes mamans. Il dure une dizaine de jours (maximum), le temps que la tempête hormonale se calme. Au-delà, on parle de « dépression post-partum ».

Les signes qui doivent *VOUS* alerter car les jeunes mamans reconnaissent rarement aller mal

- ☆ Elle est toujours épuisée.
- ☆ Elle ne sourit jamais.
- ☆ Elle ne mange plus rien.
- ☆ Elle se critique sans arrêt.
- ☆ Elle passe du rire aux larmes.
- ☆ Elle se laisse aller physiquement.
- ☆ Elle semble en vouloir au bébé.
- ☆ Votre bébé est hyperactif, facilement irritable, incapable de se déscotcher d'elle ou, au contraire, il est apathique, triste.

Le remède au baby blues ?
Le repos principalement. Alors prenez en charge certaines tâches domestiques (ou engagez une femme de ménage), prenez le relais auprès de bébé quand vous pouvez, demandez à une grand-mère de venir l'aider, amenez-la voir son médecin et... faites-la rire pour dédramatiser !

‹ 53 ›

Le daddy blues

Craquage à tous les étages !

“ Certaines mères ne comprennent pas que le père puisse également faire son baby blues. Pourquoi le ferait-il ? « C'est pas lui qui a 5 points de suture dans une région intime de son anatomie parce que l'équivalent d'un 15 tonnes a voulu passer par le tunnel dédié aux voitures sans permis. » (Fabienne, femme de garagiste.)

Et pourtant, force est de constater qu'une forme de blues peut-être ressentie par le père quelques jours après la naissance. Il faut dire que la claque est forte, que cela peut renvoyer à sa propre enfance, que la fatigue n'aide pas à se sentir au top de sa forme morale.

Personnellement, je ne sais pas si j'ai vécu ce qu'on appelle un « daddy blues » mais, je l'avoue sans honte, il m'est arrivé de pleurer tout seul dans ma voiture quelques jours après la naissance de ma fille. ”

À qui en parler ?

À la maman en priorité, mais aussi à un copain papa, à votre médecin ou sur un site pour les parents. Sinon, appelez : Allô Parents Bébé au 0800 00 3456.

La very bad idea

Garder ça pour vous. Ne rien dire.

LES SIGNES À GUETTER

- La fatigue constante.
- Des douleurs bizarres un peu partout (c'est le stress, mon bon monsieur).
- Des insomnies.
- L'envie fréquente et irrépressible de sortir avec vos potes.
- Un manque d'intérêt certain pour le bébé.
- Le manque d'engouement pour tout, même les choses que vous aimiez avant.
- L'agacement envers la maman, le bébé.

Le baby blues toucherait 5 à 10 % des jeunes papas même si, dans ce cas, on peut difficilement mettre ça sur le dos des hormones. Le « daddy blues » s'explique plutôt par la difficulté de se faire une place dans le duo maman-bébé, la peur de ne pas pouvoir assurer financièrement, la perte de repères, l'absence ou la rareté des folles nuits d'amour, le changement de vie brutal…

‹ 54 ›

Gare aux jaloux !

Quant au chien ou au chat, ne le laissez jamais seul dans la même pièce que bébé...

« Avant de rapatrier la mère et la fille de la maternité, j'ai bien pris soin de faire sentir l'odeur du nouveau membre de la famille à ma chienne en lui présentant un body porté la veille. Cela peut paraître idiot aux gens qui n'ont pas d'animaux domestiques, mais je savais **qu'il était important de préparer le terrain pour éviter, tant que possible, une réaction de jalousie.**
Le premier jour, entre deux démonstrations de joie de retrouver sa maîtresse, ma chienne a reniflé la nacelle dans laquelle dormait ma fille et n'a pas prêté plus d'attention que ça à la miss. Par contre, dès qu'elle a commencé à donner des vocalises, elle s'est mise à l'unisson en pleurant, elle aussi. Pendant une semaine, la chienne a pleuré en même temps que ma fille en nous fixant jusqu'à ce que nous allions voir ce que la demoiselle avait.
Simultanément, elle a également développé un fort attachement à sa minimaîtresse et se postait souvent devant la porte de sa chambre pour y dormir en veillant sur elle.
Intégration dans « la meute » parfaitement réussie ! »

À faire en amont avec l'aîné(e)

- Prévenez-le de l'arrivée de bébé en lui expliquant qu'au début vous devrez beaucoup vous en occuper.
- Rassurez-le sur votre amour pour lui
- Faites-lui un cadeau de naissance pour le féliciter d'être devenu grand(e).

« Dis papa, il va dormir chez nous longtemps, le bébé ? »
Junior, 3 ans

C'est super d'être grand !

(à lui déclamer d'un ton enthousiaste à chaque occasion) :

- on peut manger des bonbons,
- on peut regarder des petits dessins animés,
- on peut jouer à la tablette,
- on peut cuisiner avec papa,
- on peut faire du toboggan…

À faire en aval

- Incitez-le à vous dire ce qu'il a sur le cœur (même les pires horreurs).
- Ne changez pas vos petites habitudes avec lui, notamment le sacro-saint rituel du soir.
- Acceptez qu'il régresse. C'est normal (c'est pour capter votre attention) et ça passera.
- Dégagez-vous du temps pour faire des choses rien qu'avec lui.
- Montrez-lui les avantages d'être grand : en invitant un copain à jouer à la maison, en l'autorisant à se coucher un peu plus tard le vendredi ou le samedi soir, en l'emmenant au cinéma…

‹ 55 ›

La première séparation

« Culpabilijoie. **[kylpabiliʒwa]** n. f. (début du XXIe s.). Sentiment ambigu ressenti par le parent qui se réjouit de pouvoir enfin prendre un peu de temps pour lui mais qui ne peut s'empêcher de culpabiliser à mort de se séparer de son enfant.

Le plus dur, c'est souvent pour les parents !

Bon, bah voilà. Nous sommes en pleine crise de culpabilijoie.

Nous sommes excités comme des fans de Violetta 3 heures avant son concert à l'idée de nous retrouver en couple pour un moment romantique, rien que nous deux, sans bébé à gérer, loin des couches et des biberons. Mais nous ne pouvons nous empêcher de nous demander si notre fille ne va pas se sentir abandonnée. Si mamie va savoir décrypter ses pleurs. Si quelque chose de grave ne va pas se passer pendant notre absence.

Bref, on angoisse et on culpabilise à fond !

J'ai hâte que ce sentiment s'atténue avec le temps. Il paraît qu'il faut un peu d'entraînement, mais qu'on arrive à l'éradiquer partiellement.

« Bon, allez. On revient dans 40 minutes ! Maxi 50 s'il y a du monde aux caisses du Carrefour. Et sinon, mamie, vous faites quoi le week-end prochain ? » »

Pensez aussi à lui laisser sa tétine, son doudou et ses jouets préférés !

LE MOT SAVANT DU MOMENT

Crise des 8 mois : appelée aussi « angoisse du 8e mois ». Moment clé du développement de Bébé où il s'aperçoit qu'il ne fait pas partie intégrante de vous et où il commence à faire la distinction entre le connu et l'inconnu. Et ça + ça, ça angoisse grave à cet âge-là.

Marche à suivre

1 Prenez sur vous : vous allez tous les deux en sortir gagnant (vous en soufflant, BB en se sociabilisant).

2 Présentez-lui la personne qui va le garder sur un ton très « youplaboum ».

3 Expliquez-lui que vous allez partir et bien sûr revenir, et que pendant ce temps cette gentille personne va s'occuper de lui.

4 Passez dans la pièce d'à côté et revenez une ou deux fois pour lui faire comprendre le principe du « parti/revenu ».

6 Ne partez pas en douce (mais rapidement quand même) après lui avoir dit : « Au revoir et à tout à l'heure. »

7 La première fois, ne partez pas longtemps. La deuxième un peu plus et ainsi de suite.

8 Une fois parti, résistez à la tentation d'appeler toutes les 10 minutes pour savoir comment ça va.

« 56 »

En rétropédalage

> Le secret de survie des jeunes parents ? Le sens de l'adaptation !

« Moi vivant, jamais notre fille ne portera ces immondes bavoirs en plastique à gouttière de récupération d'aliments. JA-MAIS ! » J'ai tenu une semaine.

En même temps, je ne savais pas que les premiers vrais repas allaient s'apparenter à refaire, chaque midi, la scène d'ouverture de *Il faut sauver le soldat Ryan*. Des morceaux qui giclent dans tous les sens, des explosions de purée de brocoli, des machins visqueux qui dégoulinent sur les uniformes… l'enfer !

Alors oui, on a acheté ces bavoirs en plastique immondes qui recueillent dans leur gouttière tout ce que notre fille recrache, mais on ne va pas jusqu'à récupérer la mixture dans ledit bavoir pour lui redonner à manger. On a même carrément opté pour le total look en ajoutant la blouse imperméable qui protège entièrement l'enfant. Grâce à ça, nous sommes passés de *Il faut sauver le soldat Ryan* à *Tchoupi mange comme un grand*. C'est un chouïa moins gore. »

« Attends un peu, papa, je traite les données avant de continuer. »

Les bébés n'évoluent pas de façon régulière et linéaire, mais plutôt par des allers et retours incessants avec des phases de régression, des moments de pause et des grands bonds en avant. Donc, si tout à coup bébé ne fait plus ses nuits/refuse d'avaler autre chose que du lait/se remet à faire du quatre pattes alors qu'il commençait à marcher... pas de panique, c'est reculer pour mieux sauter – dans le sens imagé du terme, bien sûr !

LES GRANDS PRINCIPES AUXQUELS J'AI DÛ RENONCER

- ☆ Pas de tétine !
- ☆ Je ne la prendrai jamais dans mon lit.
- ☆ Je laverai son doudou toutes les semaines.
- ☆ Les Furby ne rentreront pas chez moi.
- ☆ Elle mangera proprement.

La very bad idea

Gronder votre enfant ou vous désespérer parce qu'il régresse. C'est une phase normale, utile à son développement.

« 57 »

Rester connecté à sa vie d'avant

Les apéros dînatoires, il n'y a que ça de vrai.

“ Nos amis (sans enfant) nous ont invités à déjeuner. C'est vraiment sympa de leur part et cela va nous faire un bien fou même si, avant, ils nous auraient probablement invités un soir et que nous aurions fait la tournée des bars de nuit.

En arrivant chez eux, ils ont eu l'air surpris que nous débarquions avec autant de matériel : lit parapluie, sac à langer, cosy, doudou… Bien sûr, ils ont été contents de faire la connaissance de notre fille, mais j'ai rapidement compris que **nous écouter parler des nuits pourries, des accidents de biberon, des cacas atomiques et des anecdotes de pédiatre les passionnait autant qu'un discours inaugural de maison de retraite.** Alors j'ai lancé des sujets de conversation qui n'avaient rien à voir avec la parentalité et nous avons retrouvé, l'espace d'un instant, nos discussions d'avant.

Enfin, jusqu'à ce que nous leur demandions l'autorisation d'installer le matelas à langer sur leur lit pour changer notre fille. Là, ils sont devenus livides et ont presque perdu l'usage de la parole. ”

Note pour plus tard

Attendre que Ludo et Marie aient des enfants pour reprendre contact avec eux.

Repas garanti sans couches ni paraben.

Les choses à ne pas faire avec des copains sans enfant

Il est beau, le bébé ! Oh qu'il est beau, le bébé !!! Hein, qu'il est beau, le bébé ?

1 Leur raconter en long et en large la naissance.
2 Mettre le babyphone à fond et le poser sur la table, à côté de l'apéro.
3 Leur infliger un changement de couches en direct.
4 Leur refiler bébé de force dans les bras.
5 Râler parce qu'ils mettent la musique trop fort.
6 Gagatiser devant eux.
7 Bâiller dès qu'on se met à parler d'autre chose que bébé.
8 Les inviter à manger le dimanche midi.

Rester connecté ne veut pas forcément dire tout accepter : une grosse fiesta alcoolisée, un week-end canyoning en Espagne, un mariage à l'autre bout de la France...

Pour rester connecté sans trop vous crever, invitez vos amis de façon impromptue en demandant à chacun d'amener quelque chose. L'important, c'est que vous vous voyiez... pas de faire concurrence à *Un dîner presque parfait*.

« 58 »

Cherche désespérément jf (ou jh) pour garder BB

Si la baby-sit vous dit : « il faudra juste me dire sur quelle vitesse mettre le biberon », embauchez-la !!!

“ Je ne sais pas si je suis suffisamment désespéré pour demander au fils des voisins s'il accepterait d'être le baby-sitter de notre fille, ce soir. Peut-être est-ce parce qu'il a plus une tête à jouer toute la nuit à *World of Warcraft* qu'à savoir faire la différence entre le lait en poudre et la farine fluide ? Je ne sais pas.

Ou alors on s'en remet à l'un des nombreux sites Web de mise en relation parents-baby-sitters. Mais là, le côté « **je dois faire confiance à une personne que je croise pour la première fois** » me fait encore plus flipper que l'ado *gamer* boutonneux. De plus, je n'arrive pas à m'ôter de la tête ces images de caméras cachées qui montrent des scènes affreuses.

Bon, je crois qu'on s'y prend trop tard, de toute façon. Tant pis pour l'avant-première du nouveau Marvel.

Ce soir, ce sera VOD. ”

Comment trouver la perle rare ?

→ En en parlant autour de vous : à la boulangère qui connaît tout le monde ; à d'autres jeunes parents ; à la concierge de l'immeuble...

→ Sur les nombreux sites Internet spécialisés en sachant que les offres sont forcément plus nombreuses dans les grandes villes comme Paris, Lyon et Nantes qu'à Ladignac-sur-Rondelle.

COMMENT LUI SIMPLIFIER LA VIE ?

☆ En lui expliquant le rythme et les petites habitudes de bébé.

☆ En lui préparant le repas de bébé.

☆ En étant tout le temps joignable au téléphone.

Portrait de la perle rare

- Elle a l'habitude de garder des bébés.
- Elle est toujours dispo quand on l'appelle.
- Elle habite tout près de chez vous ou elle a son permis de conduire pour pouvoir rentrer seule.
- Elle s'intéresse à Bébé.
- Elle est douce et zen.
- Elle est propre (genre, j'enlève mes chaussures pleines de boue pour ne pas saccager ton jonc de mer).
- Elle respecte les consignes, mais sait prendre des initiatives.
- Elle n'hésite pas à appeler en cas de problème.
- Elle range derrière elle.

‹ 59 ›

Le regard des autres

« J'ai un ami, très investi dans sa paternité, qui, lorsqu'on lui dit que c'est sa femme qui porte la culotte, a pris pour habitude de répondre : « Ça m'arrange, je n'aime que les boxers ! » Voilà.

Selon moi, l'humour est la meilleure façon de répondre à ceux qui se permettent de remettre en cause nos choix de vie.

Quand une personne, excédée par les pleurs de ma puce, m'a fusillé du regard dans les rayons du supermarché en me disant qu'elle avait sûrement faim, je lui ai répondu : « Non ? Vous croyez ? Mais personne ne m'avait dit qu'il fallait la nourrir ! Merci infiniment. »

Ou encore, quand pépé me reproche de l'avoir induit en erreur car je n'ai pas habillé ma fille en rose, je lui rétorque que je le ferai le jour où, lui aussi, fera l'effort de s'habiller intégralement de bleu pour ne laisser aucun doute sur le fait qu'il est un homme.

Et, concernant tata Solange qui se permet une remarque sur le choix du prénom, je lui réponds que j'ai vu un chouette reportage sur *National Geographic* dans lequel j'ai appris que le sien signifiait « furoncle de fesse » en islandais.

Je ne sais pas vous, mais moi, ça me soulage… »

La meilleure arme pour neutraliser les gros lourds ? L'humour !

QUESTIONS/RÉPONSES

☆ « Quoi, tu lui donnes des petits pots ? Mais tu veux l'empoisonner ou quoi ? »
Non, juste la faire manger à temps, les soirs de panique.

☆ « Ne sois pas aussi strict sur les horaires. Elle peut bien se décaler un peu. »
Résultat : une nuit d'enfer.

☆ « Vous êtes fous de la faire dormir dans votre chambre ! »
Ça nous rassure et comme ça, on dort mieux !

☆ « Tu ne crains pas qu'à force de sucer son pouce, elle se flingue les dents ? »
Si, mais elle ne se calme que comme ça.

☆ « C'est quand même bizarre un père au foyer… »
Je t'explose tout de suite la tronche ou on attend un peu ?

Le prochain qui m'adresse la parole, j'en fais de la chair à pâté.

Zen, soyez zen

Il y aura toujours quelqu'un pour vous trouver trop (au choix) : sévère, laxiste, inconscient voire carrément azimuté de la tête… Ne vous laissez pas déstabiliser par leurs remarques ou conseils plus ou moins avisés, surtout si c'est de la part d'un inconnu ou de quelqu'un sur lequel vous auriez aussi beaucoup à redire. En cas de doute sur certains de vos choix, parlez-en à votre pédiatre.

‹ 60 ›

Éveiller mon enfant… sans lui griller les méninges !

À trop vouloir stimuler les enfants, on les excite et on les fatigue souvent.

« Ma fille ne s'intéresse que très aléatoirement à son super tableau d'éveil. Et, pourtant, on en a choisi un parmi les plus fabuleux, dixit le vendeur. Il clignote de partout, il « poète » en trois langues, il reproduit six sensations différentes pour le toucher, il dit les couleurs quand l'enfant tire sur la languette correspondante… en fait, il ne lui manque que la fonction percolateur pour faire un bon express à papa. J'ai l'impression qu'elle préfère découvrir les sensations intenses du tripotage de barbe qui pique, l'élasticité incroyable de la lèvre inférieure que tu tires subitement, la douceur du cheveu souple et soyeux de maman ou le son que peut émettre un parent quand tu lui mets le doigt dans l'œil.

Rassurez-vous. **En dehors de nous, elle a tout de même quelques jouets d'éveil** chouchous comme le « hochet maracas de l'enfer », son trousseau de clés géantes façon Passe-Partout de *Fort Boyard* et sa première poupée toute molle qui déralingue de la tête. »

Champion toutes catégories du cri du singe : moi !!!

Les bons jouets d'éveil au bon âge

Avant 3 mois : papa, maman et éventuellement un mobile au-dessus du lit.
De 3 à 6 mois : un hochet, un objet ou un doudou mou avec plein de matières à tripoter, un nid d'éveil ou un portique avec des machins qui pendouillent, tourneboulent et dringuebouillent.
De 6 à 9 mois : des jouets pour le bain, des livres (costauds !), un anneau de dentition.
De 9 à 12 mois : des cubes à empiler, un faux téléphone (pas votre ancien iPhone), un jouet musical (si vos oreilles le supportent), un tableau d'éveil, des livres, des livres, des livres…

Le top 10 des jeux les moins chers du monde

- Le bruit des animaux.
- Je t'explose ta tour de cubes d'un grand coup de pied.
- Oh, je t'ai pris ton nez (en coinçant le pouce entre l'index et le majeur).
- Concours de grimaces.
- Je cache un jouet sous un coussin, tu le retrouves (en plus, ça apprend à BB la notion de départ/retrouvailles, très utile pour les premières séparations…).
- À dada sur mes genoux que j'ouvre subitement (en retenant BB, bien sûr !).
- Lire des livres en montrant les images.
- Je pose tes pieds sur mes pieds et on fait le tour de la maison ensemble.
- Le papier cadeau à froisser et à déchirer à volonté.

‹ 61 ›

Apocalypse now : la gastro

Vade retro satanée gastro !

« Je crois que je viens de comprendre pourquoi mon pote utilisait des mots comme « enfer, horreur, apocalypse » quand il évoquait la gastro que son fils a attrapée il y a dix jours. **J'y ajouterais même ma touche perso en intégrant au champ lexical les mots « monstrueux, abominable et atomique ».** J'ai passé la nuit dernière à gérer une petite malade, à voyager entre sa chambre et la buanderie pour y mettre à laver et à sécher au plus vite le linge de lit, les gigoteuses et les alèses. Au plus vite car la fréquence des vomis et débordements de couche a rapidement montré que nous ne disposions pas d'un stock illimité en changes. Si vous ajoutez à cela le nettoyage intégral du bébé sans savoir par quel bout commencer, l'angoisse de le voir dans cet état et le sentiment d'être impuissant, vous obtenez une de ces nuits mémorables que vous ne souhaiteriez pas à votre pire ennemi (sauf peut-être à celui qui a transmis la gastro à votre enfant...). »

Une gastro peut durer entre 3 et 5 jours. Très impressionnant, mais pas grave tant que votre bébé ne se déshydrate pas.

La marche à suivre

1 Lavez et changez bébé de la tête aux pieds.
2 Vérifiez sa température.
3 Faites-le boire le plus souvent possible (un soluté de réhydratation ou de l'eau).
4 Expliquez-lui ce qui lui arrive en lui précisant que ça va passer, même et surtout s'il est tout petit.
5 Mettez-le dans son transat, en position semi-assise.
6 Changez son lit si nécessaire.
7 Lavez tout le linge souillé séparément et à chaud.
8 Lavez-vous souvent et méticuleusement les mains.
9 Appliquez les conseils donnés p. 114-115
10 Appelez votre médecin en cas d'inquiétude.

Les signes de la déshydratation

1 Des cacas liquides qui durent plus de 24 heures.
2 La peau sèche, qui manque d'élasticité.
3 La bouche, les lèvres, la langue sèches.
4 Les yeux cernés, vitreux, dans le flou.
5 Une extrême somnolence.
6 Une perte de poids importante.
7 Des pipis rares et foncés.
Dans ce cas, direction les urgences !

LE MOT SAVANT DU MOMENT

Gastro-entérite à rotavirus : inflammation de la paroi de l'estomac et de l'intestin causée par un virus qui se caractérise par des diarrhées fréquentes et, parfois, des vomissements et de la fièvre

« 62 »

Autre calamité : les dents !

« Elle est ronchon, elle bave des fûts entiers de salive, elle a les joues écarlates du type qui vient de passer une heure en plein blizzard (ou au bistrot), elle mâchouille tout ce qui passe à sa portée mais non, je suis encore trop débutant pour penser que la laisser mettre mon petit doigt dans sa bouche est l'idée la plus stupide de l'année.

« OOOUUUUUH PUT*** DE BORDEEEEEL !!!

– Quoi, tu peux répéter ?

– Elle a sorti sa première dent, regarde !

– ...

– Non, pas sa bouche, regarde mon doigt ! Il y a carrément la trace ! »

Note pour plus tard : redoubler de vigilance pour les prochains massages de gencives.

De toute façon, je me suis toujours demandé si le baume pour calmer les douleurs était vraiment efficace.

Tiens, et si je m'en mettais sur le doigt, pour voir ? »

Les douleurs dentaires des bébés sont d'une magnitude de 9,0 sur l'échelle de Rigolpacélorher !

LES SIGNES AVANT (OU PENDANT)-COUREURS

- ☆ Bébé est ronchon.
- ☆ Il salive énormément.
- ☆ Il n'a plus d'appétit.
- ☆ Il a les joues rouges.
- ☆ Pas mieux du côté des fesses...
- ☆ Il a un petit 38 °C.
- ☆ Il éclate en sanglots pour un rien.

LE MOT SAVANT DU MOMENT

Poussée dentaire : période pendant laquelle les dents d'un bébé poussent. Cela commence vers 6 mois et se termine vers 30/36 mois. Donc, oui, on en prend pour deux ans !

Les remèdes

- L'anneau de dentition bien froid à mastiquer.
- Le gel gingival qu'on lui masse sur les gencives.
- Un Doliprane® pour calmer la douleur.
- De l'homéopathie pour un traitement de fond (*Chamomilla* ou *Camillia*).
- Des activités pour lui changer les idées.
- Des gros câlins pour le réconforter.
- Beaucoup de patience et de compréhension.

« 63 »

Quid de l'autorité ?

« Le père, c'est l'autorité ! » (Tonton Raoul, 1924-2009.) On ne peut pas le blâmer, ce cher tonton Raoul. Il fait partie d'une époque où l'usage du martinet était aussi courant que le fait de mettre quelques gouttes de calvados dans le biberon des bébés. Il a même connu Michel Drucker jeune ! Aujourd'hui, les choses ont changé. **Autorité ne rime plus seulement avec paternité, mais avec parentalité, et c'est très bien comme cela.** D'ailleurs, au lieu de dire autorité, je préfère utiliser l'expression « pose de limites ». Et c'est là que l'accord entre les deux parents est essentiel, car non seulement un enfant a besoin de limites, mais il faut qu'elles soient posées de la même manière par les deux.

> Ce n'est pas parce que vous le grondez qu'il va cesser de vous aimer… Bien au contraire !

Bien sûr, les premiers mois, la pose de limites n'a pas beaucoup de sens, mais nous commençons à lui dire « non » en poussant doucement sa main quand elle s'obstine à vouloir nous arracher une paupière ou la moitié de notre chevelure. »

Bébé vous a mordu ?
Certes, il ne l'a pas fait exprès. C'était même plutôt dans un grand élan d'amour genre : « Je t'aime, mon grand fou. » Pourtant il faut marquer le coup pour qu'il comprenne que ça ne se fait pas. Alors d'une voix ferme dites-lui que ça vous a fait mal en lui expliquant pourquoi (les petites dents pointues plantées dans votre peau sensible) et qu'il ne faut pas recommencer.

LE MOT SAVANT DU MOMENT

Limites : règles de vie qu'on donne à bébé et qui le rassurent car être « roi du monde » à plein-temps, c'est fatigant et flippant à cet âge.

Le secret de l'autorité ?
La fermeté, la cohérence et une solidarité sans failles avec la maman... au moins devant bébé. Et pour bien faire passer le message, baissez-vous pour vous mettre à sa hauteur et regardez-le droit dans les yeux.

COMMENT SAPER VOTRE AUTORITÉ ?

En disant...

- « Fini, les bonbons » en vous enfilant devant lui le reste de Smarties®.
- « Éteins la télé, les écrans sont mauvais » les yeux rivés sur votre iPhone.
- « Pas de gros mots chez nous » en hurlant, après vous être éclaté un doigt de pied contre une chaise : « Putain de chaise à la con ! »

Et, plus tard, en éructant : « Arrête de crier !!! »

« 64 »

Gérer au mieux les petits déplacements

“ Je ne suis pas le père de Paris Hilton même si, souvent, j'ai l'impression de devoir transporter trois caisses de matériel et de changes dès que ma fille sort de la maison.

« Alors, voyons si nous avons pensé à tout : tenue de rechange complète, couches, serviette-éponge, de quoi lui nettoyer les fesses, pommade pour ses irritations, trois bavoirs, biberon, lait en poudre, eau, quelques jouets, raquette de ping-pong*, etc. » ! **La liste est longue comme le bras.**

Heureusement, pour les sorties à durée réduite ou à proximité de chez nous (de type apéro chez des amis), nous avons mis en place le Magic Bag. C'est une sorte de gros sac à langer qui regroupe le strict nécessaire. Et pour que les choses soient vraiment simples, on a acheté certaines choses en double afin qu'elles ne sortent jamais de ce fameux sac. Le Magic Bag, ça change la vie.

* Mais qui a mis cette raquette de ping-pong dans le sac ?!? ”

N'espérez rien, adaptez-vous ! Ça peut être la meilleure comme la pire soirée de l'année. Tout dépend de la bonne volonté de bébé.

Bébé « plan-plan »

Les bébés aiment leur petit train-train quotidien, leur cadre de vie, et donc détestent le changement. D'où la nécessité d'avoir des objets qui rappellent la maison : lit parapluie, doudou, petite musique douce, veilleuse, jouet préféré… et de respecter l'heure de coucher. Votre enfant risque de flipper dans un nouveau lieu et d'avoir du mal à trouver le sommeil. Restez un peu avec lui, le temps qu'il s'endorme, même si vous mourez d'envie d'aller boire ce mojito qui vous attend depuis une demi-heure.

Exclu !!!
Le contenu du Magic Bag

- ☆ 2 ou 3 couches.
- ☆ 1 petit paquet de lingettes.
- ☆ 1 body de rechange.
- ☆ 1 pyjama de rechange.
- ☆ 1 serviette de toilette.
- ☆ 1 lange.
- ☆ 1 biberon ou un gobelet.
- ☆ 1 tétine.
- ☆ Doudou ou peluche préférée.
- ☆ Des petits jeux pour qu'il s'occupe au lieu de venir fourrager dans le bol de Curly®.

« 65 »

Gérer au mieux les grandes virées

Pilote papa à passager bébé : « Prêt à décoller ? »

“ Avant de chercher une destination de vacances, j'ai commencé par ouvrir Google Map et j'ai défini une zone de 450 km maximum autour de chez nous. Pourquoi ? Simplement parce qu'on préfère se lancer progressivement dans l'aventure des grands trajets en voiture avec un bébé.

Les 10 heures de route, là tout de suite, on ne le sent pas très bien. Enfin, quand je dis « voiture », je devrais plutôt dire « Bébé-mobile » tant l'auto que nous utilisons mute lentement vers un véhicule hybride spécialement pensé pour les bébés : jouets ventousés sur le siège, pare-soleil avec Winnie l'ourson (de toute bôtaÿ) sur les vitres arrière, ambiance musicale « Radio Pioupiou », autocollant « Bébé à bord », parfum d'ambiance « vomi » ou « couche pleine ». En plus, ma fille n'aime pas particulièrement la voiture et elle sait très bien le faire comprendre.

Non, vraiment, **si on arrive à survivre aux 4 heures de route, ce sera déjà très bien pour une première.** ”

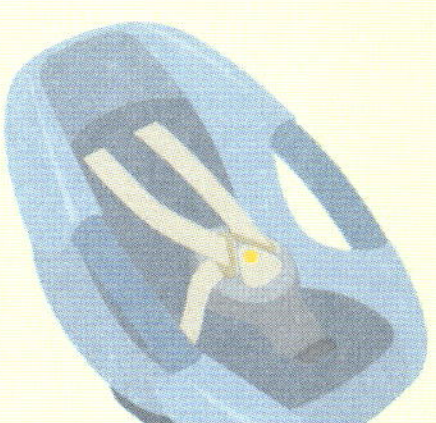

LE SAC DE VOYAGE DE BÉBÉ

Le Magic Bag (en augmentant les quantités), plus…

- ☆ De quoi boire.
- ☆ De quoi manger.
- ☆ Un MP3 ou un smartphone chargé à bloc de musiques douces.
- ☆ Des sacs en plastique : pour les emballages de biscuits, les couches sales, le vomi…
- ☆ Un rouleau de papier absorbant.
- ☆ Des mouchoirs en papier.
- ☆ Une boîte de bicarbonate de soude pour absorber les mauvaises odeurs.
- ☆ Un change complet.
- ☆ Une petite couverture.
- ☆ De quoi l'occuper : livres solides, jeux, coloriages dans une caisse en plastique posée à côté de lui.
- ☆ Et, s'il fait très chaud, un pare-soleil et un brumisateur d'eau.

Prévoyez de faire des pauses régulièrement pour qu'il s'aère et se dégourdisse les jambes. Et tant pis pour la moyenne !

Les destinations cool avec un bébé

- Center Parcs.
- La campagne avec des amis ou de la famille (fan de bébés !).
- Chez les grands-parents.
- Les campings haut de gamme ou les gîtes de charme hors saison.

« 66 »

En faire un fin gourmet !

Zen… Rien ne presse d'autant plus que la première année, l'aliment essentiel est… le lait !

« Bonjour. Alors, voilà le plat que j'ai préparé pour cette épreuve de *Mastertopchef*. C'est une purée de légumes revisitée. C'est vraiment gourmand et j'ai voulu rehausser les saveurs tout en respectant les textures. J'ai complètement sublimé la carotte et j'ai réinventé l'écrasé de pommes de terre. Alors oui, ça manque un peu de croquant, mais c'est malin, quoi. On sent bien que j'ai respecté le produit et que la palette des émotions sera au rendez-vous dès la première bouchée. Visuellement c'est…

– Chéri ? Tu fais quoi, là ? Tu te crois à la télé ? Ce n'est pas parce que tu as réussi à te servir du Baby Cook qu'il faut en faire des caisses, tu sais.

– Roh, ça va. Excuse-moi de vouloir **éduquer notre fille aux bonnes choses.** Bon, alors, où en étais-je ? Ah oui… Je disais donc que c'était visuellement gourmand. Très bonne dégustation.

– Pfffffff… »

Une cuillère pour papa, une cuillère pour maman, une cuillère pour le chat…

La panoplie du fin gourmet

1 Des bavoirs en éponge ou en plastique, avec récupérateur !!!
2 Des petites cuillères en plastique mou.
3 Des bols en plastique.
4 Une tasse à bec antifuites.
5 Une vieille toile cirée à mettre sous sa chaise pour faciliter le nettoyage.
6 Et pour vous : un ciré breton et des bottes en plastique !

Les bons aliments pour commencer

Les purées ou soupes de carottes, haricots verts, épinards (eh oui !), pommes de terre, potiron et tomates et, en dessert, les bananes écrasées, les compotes de pêches, poires et pommes.

Son premier repas « diversifié » ?

Une cuillère de purée de carottes dans un biberon de lait le midi, en augmentant progressivement les doses pour l'habituer au goût. Quand ça passe (presque) tout seul, passez à une autre saveur. Puis, en troisième étape, proposez-lui directement une petite cuillère de purée avant de lui donner son bib' mélangé. Recommencez et, si ça passe, donnez-lui-en deux, puis trois...

PRÉPARATION
ceinture orange
La petite enfance

‹ 67 ›

Planquez tout : bébé marche !

Allez Bébé, allez Bébé, allez !

« Comme tous les parents, nous avons parcouru quelques kilomètres en tenant par les mains notre apprentie marcheuse, jamais lassée par cette activité. Mais, dès que nous décidions de nous désolidariser de la miss, elle revenait à son mode de déplacement favori : le quatre-pattes Swiffer® (celui qui ramasse la poussière et les poils de chien).

Et puis un jour, en début d'après-midi, **la demoiselle a décidé de prendre de la hauteur pour explorer le monde en solitaire.** Elle a lâché ma main et a fait quelques pas peu assurés. Cinq pas, pour être précis. Elle avait la grâce de la nana qui aurait bu le mojito de trop sur le parking du Macumba, mais j'étais fier d'elle. Et puis, privilège du père au foyer, j'étais là pour assister au spectacle.

Quelques minutes plus tard, je filmais ses deuxièmes « premiers pas » pour les envoyer à sa mère, histoire qu'elle puisse vivre ce moment historique en léger différé. »

Plus BB prend le temps, plus il aura confiance en lui. Donc patience...

La préparation du terrain

Asseyez-vous par terre pour vous mettre à la hauteur de BB et **éliminer tous les dangers potentiels à sa portée :** les coins de tables pointus, les escaliers, les bouteilles, les produits ménagers dans le placard qui ne ferme pas, le fauteuil sous la fenêtre à l'étage, la caisse à outils, l'immanquable pot à bricoles qu'on a tous quelque part…

« Un petit pas pour le gnome, un grand pas pour la mobilité ! »

Les bonnes chaussures

Achetez-lui des chaussures neuves, souples avec une bonne voûte plantaire, un bon maintien à la cheville… et à sa pointure (si vous pouvez passer le doigt entre l'arrière de la chaussure et son talon, c'est bon).

Papa coach

- À la maison, laissez-le pieds nus le plus souvent possible.
- Enlevez les obstacles qui se dressent sur sa route car il ne sait pas encore les éviter.
- Laissez des objets sur lesquels il puisse s'appuyer.
- Mettez-vous en face de lui et tendez-lui les mains pour l'attirer, l'encourager…
- S'il tombe mais se relève bravement sans rien dire, ne vous précipitez pas pour le consoler.

« 68 »

Miss Pipelette

C'est vous son prof de français.

“ Quand elle était bébé, comme pour ses pleurs, nous étions les seuls à pouvoir décrypter la langue parlée par notre fille. En effet, à mi-chemin entre le moldave et le coréen (avec quelques influences bretonnes), son dialecte n'était compréhensible que par des personnes qui la côtoyaient quotidiennement. Au début, son discours était très minimaliste : un mot pour une chose ou une action. Ainsi, quand elle disait « dang-tôt » nous savions qu'elle exprimait le souhait de déguster un biscuit de type petit-beurre, s'il vous plaît. Et puis, très vite – est-ce parce qu'elle a subitement adoré s'entendre parler ? –, elle a commencé à enchaîner de grandes discussions avec nous, avec ses jouets ou bien avec elle-même. Depuis, elle parle sans cesse. Et quand je dis, sans cesse, **c'est qu'elle ne s'arrête que pour dormir, et encore.**

De fait, j'ai développé un nouveau pouvoir. Mon cerveau parvient à filtrer le son de sa voix pour ne plus entendre que les autres bruits environnants. C'est comme un interrupteur virtuel qui s'active quand j'arrive à saturation. Le seul problème est que, dès qu'elle prononce le mot « papa », mon filtre se met sur «off».

Pourvu qu'elle ne s'en rende pas compte trop rapidement. ”

C'est diiiiiiiiingue !
À 2 ans, les enfants comprennent au moins 150 mots et en apprennent 10 nouveaux par jour !!!

COMMENT AIDER VOTRE ENFANT À ACQUÉRIR DU VOCABULAIRE ?

@ Chantez-lui des comptines en faisant plein de gestes pour l'aider à en comprendre le sens.

@ Nommez les objets qu'il vous montre.

@ Lisez-lui des imagiers et faites-lui répéter les mots.

@ Accentuez et articulez les mots importants : « On ne dit pas "lolo" mais "bi-be-ron". »

@ Traduisez ce qu'il semble vous dire : « Tu cherches ton doudou, c'est ça ? »

@ Boycottez les onomatopées, autrement dit pas de : « Oh, le wouah-wouah a fait caca derrière ma toto ! »

Et plus tard...

★ Utilisez des synonymes pour l'aider à enrichir son vocabulaire.

★ Lisez-lui des tas de bouquins.

★ Demandez-lui de nommer les objets que vous lui montrez.

LE MOT SAVANT DU MOMENT

Mot « valise » : mot utilisé par bébé pour dire plein de choses à la fois. Exemple : « miam-miam » qui, en langage bébé, se traduit par : « J'ai faim ! C'est trop bon... Encore ! »...

« 69 »

Petites histoires et autres rituels du soir

C'était l'histoire d'un papa qui racontait des histoires le soir...

« **Il était une fois deux parents** complètement gagas qui avaient mis en place un rituel du coucher assez conséquent. En effet, la princesse qui vivait sous leur toit avait droit, chaque soir, à sa petite histoire. Une histoire lue en faisant les voix des personnages avec un ton à faire pâlir de jalousie Marlène Jobert *herself*. Et ce n'était pas tout.

Les parents de la jeune princesse avaient également décidé que le rituel devait contenir une petite comptine, chantée doucement à l'oreille de leur fille.

« Mais pourquoi se limiter à une seule comptine quand on voit ce sourire de bonheur sur le visage de notre chère enfant ? » se dirent les parents. Ils décidèrent alors de chanter trois comptines en prenant soin de faire varier la *playlist* à chaque nouveau récital.

Il était une fois deux parents complètement gagas qui avaient mis en place un rituel de coucher comprenant une histoire et trois comptines, rien que ça !

(Je me demande parfois si nous n'allons pas le regretter... 15 minutes tous les soirs, quand même...) »

Les règles d'or d'un bon rituel

1 Fixez une heure de coucher et une durée limite de rituel (5 minutes).

2 Respectez-les pour que ce soit un fait établi et non négociable.

3 Anticipez pour éviter les rappels qui n'en finissent plus : faites-lui faire pipi avant de se coucher, donnez-lui un paquet de mouchoirs, mettez-lui un gobelet d'eau à côté de lui...

LE MOT SAVANT DU MOMENT

Rituel du soir : petites habitudes qui s'enchaînent dans le même ordre et qui préparent l'enfant doucement à la nuit. C'est donc tout ce qui précède le coucher (se mettre en pyjama, se laver les dents, fermer les volets, baisser la lumière...) + lire une petite histoire, chanter une chanson de votre plus belle voix de baryton, réciter une petite comptine, faire la bise à ses peluches ou... à compléter !

‹ 70 ›

La joie des courses en famille

« Ah qu'il est loin le temps où je pouvais faire les courses à peu près sereinement en posant le cosy au milieu du Caddie ! Certes, il ne restait plus beaucoup de place pour y mettre mes achats, mais au moins je n'avais pas à supporter les hurlements de la demoiselle qui se déclenchent à la vue du moindre Mickey en peluche, paquet de biscuits Dora, compote princesses Disney ou autre produit sous licence dont tous les enfants raffolent.
En plus, comme nous avons engendré une pipelette, je ne parviens plus à me concentrer suffisamment **pour ne pas oublier la moitié de ce que j'étais venu acheter.** Je passe mon temps à lui dire : « Non, nous n'avons pas besoin d'en acheter car il en reste à la maison. Non, j'ai déjà pris des yaourts que tu aimes. Non, tu n'as pas besoin de ça car c'est de la cire dépilatoire. »
Alors j'avoue, de temps en temps, exaspéré, je lâche un petit : « Arrête de parler un peu, pour voir ? Ah oui. C'est bien aussi. »
Mais le répit ne dépasse jamais les 12 secondes... »

Moi, je bénis les inventeurs du drive !

MES PIRES FLIPS PENDANT LES COURSES AVEC BB

- Que je le perde.
- Passer par accident devant le rayon des bonbons.
- Qu'il rentre en transe devant les PetShop.
- Qu'il remplisse le Caddie avec tout ce qui passe à sa portée : rouge à lèvres, Red Bull, capotes…
- Qu'il ouvre les paquets de pâtes, ou, pire, de sucre et de farine.
- Qu'il fasse un scandale parce que je ne veux pas lui acheter de Kinder® (placés évidemment près de la caisse… les traîtres !)

Si vous ne craquez pas les premières fois, ça sera gagné !

Votre arme ? L'anticipation !

→ **Fixez les règles dès le départ** : on n'achète pas de jouets, de bonbons, de jeux vidéo… Tu ne fais pas de stock-car dans les rayons avec ton chariot… Tu touches avec les yeux et pas avec tes mains pleines de chocolat… D'ailleurs pourquoi sont-elles pleines de chocolat ??? (Moment de panique…)

→ **Au centre commercial, faites des détours pour éviter** : les manèges, les distributeurs de friandises, la boutique de macarons…

→ **N'y allez pas le ventre creux**, ni bébé ni vous, pour ne pas finir avec un grand paquet de Chamallow® ouvert dans le chariot.

→ **En cas de gros caprice, restez de marbre** genre « mais à qui est ce sale gosse ? ». Ça devrait vite le calmer. Et tant pis pour le regard furieux/indigné/esbaudi des gens…

« 71 »

Le parc : la joie des uns, le cauchemar des autres !

Non, pas les canards.
J'en peux plus des canards !
Ils me sortent par les yeux,
les canards !!!

« Elle l'aime beaucoup ce parc. Les grandes pelouses vertes, les bassins qui apportent leur fraîcheur en été, la volière et ses oiseaux qui la fascinent et puis, cerise sur la balançoire, ses deux aires de jeux avec petite maison en bois, jeux à ressort, tourniquets et toboggans. Le bonheur ultime pour personnes de moins de 1 mètre. Je mesure 1,83 mètre. **Pour moi, l'après-midi dans son p'tit coin de paradis a plutôt des airs d'enfer.** Les pelouses sont interdites d'accès. Alors, forcément, ma fille ne veut marcher que là. Les petits bassins lui font de l'œil. Elle ne comprend pas pourquoi je refuse de la laisser y tremper sa couche. Les oiseaux de la volière me déclenchent une allergie si je m'en approche à moins de 5 mètres. En plus, ça pue la fiente.

Ma fille refuse d'utiliser les toboggans dans le bon sens. Elle tient à jouer les saumons qui remontent le courant. Et quand elle les descend enfin, elle fait durer la phase de lancement et crée ainsi d'horribles bouchons. Elle veut que je l'installe sur le jeu à ressort, y reste 17 secondes, exige d'en redescendre, attend que je retourne sur le banc et me demande à nouveau de l'aide pour y monter…

Note pour la prochaine fois

Penser à recharger mon smartphone !

Et je ne parle même pas de sa sociabilité envers les autres enfants, qui se résume à vouloir les pousser par terre dès que l'un d'eux s'approche.
Elle aime beaucoup ce petit parc.
Et moi… j'aime beaucoup ma fille. »

MAGIC BAG SPÉCIAL « SORTIE AU PARC »

- ☆ 1 couverture ou 1 vêtement supplémentaire s'il fait froid (surtout pour moi !).
- ☆ 1 chapeau et de la crème solaire s'il fait beau.
- ☆ De quoi boire et de quoi manger.
- ☆ De l'Arnica® et de l'Homéoplasmine®.
- ☆ 1 couche et des lingettes.
- ☆ 1 paquet de mouchoirs en papier.
- ☆ Des jouets (pour les fameux échanges…).

Le douloureux sujet du prêt des jouets

→ **BB ne veut pas prêter ses jouets ?**

C'est normal car à cet âge, il les considère comme un prolongement de lui-même. Et, dans sa petite tête, les posséder, c'est exister.

→ **Il arrache sauvagement les jouets des mains des autres ?**

Ce n'est pas pour les avoir mais pour ressentir le plaisir de les avoir.

Dans les deux cas, ne le grondez pas. Proposez-lui de prêter un jouet en échange en lui assurant qu'il le récupérera après. Sinon… allez voir les canards pour lui changer les idées.

‹ 72 ›

Miss Pétocharde

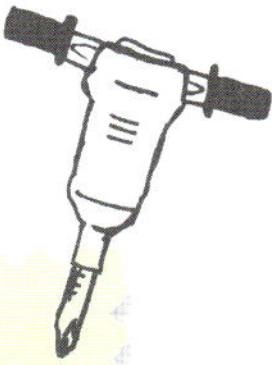

La very bad idea

Forcer son enfant sous prétexte que « je te jure, c'est super drôle ».

“ Nous habitons une petite ville plutôt calme, à la campagne. Ma fille baigne dans un univers sonore oscillant entre petits oiseaux et tracteurs qui passent de temps en temps au loin. Alors, forcément, quand on décide de faire quelques courses dans une vraie ville, elle passe son temps à sursauter.

Dans le top 3 de ses pires trouilles, il y a le bruit du bus de ville qui lâche la pression. Le « ksc-chhhhh » pourrait la faire courir le 100 mètres plus rapidement qu'Usain Bolt si je ne lui tenais pas la main fermement. Ensuite arrive celui des motos (scooters ou mobylettes) dont les pots d'échappement font bien plus peur que la plus horrible des horribles histoires de loups. Enfin, il y a le bruit des marteaux-piqueurs. « Comment a-t-on pu inventer un engin si diabolique-ment bruyant ? » semblent dire les yeux de ma fille quand on se fait surprendre par une zone de travaux. Bon, pour les marteaux-piqueurs, je dois avouer que je suis comme elle.

Dans la famille Pétochard, je demande le père et la fille.

Bonne pioche ! ”

Pétochard, peut-être, mais surtout très prudent !

Le comment du pourquoi

- Un petit a besoin de voir le vrai visage des gens, leurs vrais yeux pour savoir s'il peut leur faire confiance. D'où sa trouille des masques et autres travestissements...
- Un petit a également besoin de comprendre ce qui se passe. C'est pourquoi il pleure au moindre bruit bizarre. Alors montrez-lui dites-lui d'où ça vient.
- S'il pleure devant un spectacle de marionnettes, prenez-le sur vos genoux et expliquez-lui ce qui se passe en coulisses, et si ça ne le rassure pas, partez.

LES TRUCS POUR QUE ÇA SE PASSE MIEUX LA PROCHAINE FOIS

☆ Jouez aux marionnettes ou aux clowns chez vous.
☆ Montez avec lui sur le manège.

Liste non exhaustive de ce qui est a priori super fun, mais qui fait flipper plein d'enfants

Les marionnettes / Les manèges Le père Noël / Les clowns Le maquillage ou les masques de déguisement / Une moto qui pétarade / Les feux d'artifice Le monsieur qui fait la statue dans la rue / Les avions à réaction qui passent au-dessus de la maison.

‹ 73 ›

Dis bonjour à la dame

Non, pas de bisou à la dame, elle pique et elle pue de la bouche !

« Parfois, j'ai l'impression d'en faire trop quand je reprends ma fille pour lui demander de dire « merci madame » ou « au revoir monsieur ». Certaines personnes me regardent comme si j'arrivais d'un autre siècle et que je sortais de ma machine à voyager dans le temps.

Mais c'est plus fort que moi. La vérité, c'est que je viens vraiment d'un autre siècle, la fin du XXᵉ, et que mes parents m'ont élevé en m'apprenant les bases essentielles de politesse. Aujourd'hui, je leur en suis extrêmement reconnaissant.

Alors, pour notre fille, nous avons commencé tout doucement l'apprentissage du merci quand elle n'avait que 6 mois, en associant le mot à un petit mouvement de sa main. Aujourd'hui, je vois très souvent apparaître un grand sourire attendri sur le visage des personnes qui reçoivent son merci, son bonjour ou son au revoir. Et dans ces moments-là, je peux vous assurer que **ma fierté de papa est au max.** »

LE MOT SAVANT DU MOMENT

Bonnes manières : règles élémentaires pour savoir vivre en société. Et qui dit règles dit contraintes. Qui dit contraintes dit frustration. Qui dit frustration dit opposition (voir « Guerre de pouvoir » p. 190).

COMMENT COACHER VOTRE ENFANT ?

- Donnez-lui l'exemple : soyez poli en toute circonstance… oui, même en voiture !
- Ayez le même niveau d'exigence chez vous et en public.
- En cas d'opposition, mettez-vous à sa place : vous aimeriez, vous, qu'on vous force à embrasser une vieille dame vraiment flippante, genre une Brigitte Bardot mal rasée ? Alors soyez compréhensif et demandez-lui juste de dire : « Bonjour madame. »

Un enfant peut apprendre la politesse très tôt grâce à des signes : on agite la main pour dire merci, on tape un petit coup sur la table pour demander à sortir de table…

→ PAS BIEN !!!!!

J'veux du beurre, du beurre, du beu… bouh, ouh, ouh (gros caprice !)

→ TRÈS BIEN !!!!!!!!!!!!!

Mon papa adoré, est-ce que tu peux me passer le beurre s'il te plaît ?

Le B.A.-BA de la politesse

- Merci/S'il te plaît/Bonjour/Au revoir.
- On ferme la bouche quand on mange.
- On ne met pas les coudes sur la table.
- On ne met pas les doigts dans son nez.
- On ne coupe pas la parole des grands.
- On ne prend pas le canapé de tatie pour un trampoline…

74

Bébé geek

Dans ma tablette il y a...
des dessins animés, des jeux adaptés à son âge, des chansons pour les enfants. Comme ça, on peut varier les plaisirs !

« Mamie C. a offert un livre à sa petite-fille. Les livres, c'est toujours une bonne idée. En plus, c'est un cadeau qui ne fait pas de bruit, contrairement à la multitude de jouets d'éveil électroniques que peut avoir la miss. Ça va reposer nos oreilles.
Ça, c'est ce que je pensais avant de découvrir le fameux livre de comptines, super high-tech, avec bruitages, chansons et interactions possibles quand on touche les héros. Le pire, c'est que ma fille l'a tout de suite adoré.

En même temps, je ne suis pas vraiment étonné car, **étant la fille d'un véritable Web addict, il est normal que cette petite soit attirée par tout ce qui est technologique.** Elle fait partie de cette génération qui aura du mal à concevoir qu'on ait pu vivre sans Internet ni smartphone.

Après la génération enfants de la télé, la génération enfants des multi-écrans. »

Les tablettes et jeux vidéo : avantages et inconvénients

- Ça développe son imagination, sa dextérité, sa créativité…
- C'est un moyen facile d'avoir la paix.
- Une fois le pli pris, c'est impossible de faire marche arrière.
- On se laisse très vite dépasser : « Punaise, ça fait 1 heure qu'il est dessus ! »

ET LA TÉLÉ ?

Là aussi, fixez une fréquence, une durée, et choisissez des programmes adaptés aux jeunes enfants avec le moins de publicité possible. Ou alors mettez-lui un petit DVD… total contrôle ! Des chercheurs ont prouvé que les petits garçons qui regardent des dessins animés violents entre 2 et 5 ans développent plus tard des comportements violents. Ah oui, quand même…

La very bad idea

Prendre la télé ou la tablette pour une nounou.

Stratégie pour ne pas se laisser dépasser

Fixez des règles et respectez-les (type de jeu, durée, fréquence).
Et proposez-lui d'autres activités : (promenade, lecture, coloriage, jeux de construction . . .).

‹ 75 ›

Son premier (vrai) Noël

« L'année dernière, elle était encore trop petite pour être sensible à la « magie de Noël ». J'avoue que, sur ce coup-là, c'était plutôt nous qui nous étions fait plaisir en la couvrant de cadeaux. Mais cette année, les choses sérieuses ont commencé !
Nous avons feuilleté les catalogues de jouets et marqué d'une petite croix ceux qui la rendaient hystérique. Soit environ 3 jouets sur 4.
Nous avons décoré tous ensemble la maison et le sapin. J'ai d'ailleurs découvert son goût prononcé pour la déco très déstructurée : le contenu des deux cartons de décorations sur la même branche !
Nous avons même écouté de la musique de Noël en cuisinant quelques sablés en forme d'étoiles, de sapins et de petits cœurs.
En fait, si nous avions porté des pulls moches avec le renne Rudolph, j'aurais pu croire que nous vivions dans l'épisode spécial Noël d'une série américaine.
Mais quand je vois ses yeux briller et que j'entends ses cris de joie, **je savoure chaque seconde de cette magie de Noël** qui, cette année, prend un sens tout particulier. »

La very bad idea

Vous vexer parce que votre enfant passe plus de temps à jouer avec les papiers cadeaux et les boîtes qu'avec leur contenu.

LA LISTE AU PÈRE NOËL

Comme tout jeune bon parent, vous demanderez un jour à votre enfant d'entourer ce qu'il veut dans le catalogue de jouets. Crotte, il veut tout ! Alors vous lui demanderez de vous montrer ce qu'il préfère sur chaque page. Re-crotte, il préfère tout ! Alors vous lui direz de découper ce qu'il veut vraiment pour le coller sur la lettre. Crotte, il a tout saccagé. Et hop, c'est reparti…

Note pour la prochaine fois

- Acheter des tonnes de piles de tous les formats car non seulement elles ne sont pas toujours fournies avec les jouets, mais elles s'usent très vite.
- Acheter une boîte de minitournevis.
- Vérifier le niveau sonore des jouets avant de les acheter.
- Prendre une journée de RTT le 26 décembre pour finir de monter sa maison Playmobil®.

Le bon nombre de cadeaux ? En théorie, un par « père Noël » : les parents, les grands-parents, les parrains-marraines, les tontons/tatas… En pratique, c'est une autre histoire !

‹ 76 ›

Pipi, caca, popo !

Un jour tu seras propre, mon enfant !

“ Le printemps a vu fleurir un accessoire de décoration du plus bel effet dans notre maison. Un objet magnifique en plastique thermomoulé signé par un designer de talent. Nous l'avons eu pour une bouchée de pain, en plus.
Bref, nous venons de nous lancer dans **la grande aventure de l'apprentissage de la propreté** !
Nous voilà donc avec un horrible pot en plastique qui trône – c'est le cas de le dire – au milieu du salon. Pourquoi ? Parce qu'on a essayé de le ranger dans les toilettes mais qu'elles sont bien trop éloignées pour nous laisser une chance de les atteindre quand l'alerte est donnée. Et, aussi, parce que c'est plus sympathique, pour nous, d'être dans le salon quand mademoiselle décide de prendre son temps et réclame qu'on lui raconte *Petit Ours Brun sur le pot* pour la douzième fois. D'ailleurs, j'ai l'impression que les ours comprennent plus vite que les humains comment tout cela fonctionne. Arf... ”

La very bad idea

Forcer son enfant à aller sur le pot s'il n'est pas prêt. Ça va fatiguer et stresser tout le monde…

Comment motiver BB ?

1 Lisez-lui un bouquin sur le sujet.
2 Enlevez-lui sa couche l'été, pendant vos vacances... car mieux vaut être dispo pour la suite !
3 Au début, mettez-le régulièrement sur le pot quelques minutes.
Et tant pis s'il ne fait rien d'autre que de se curer le nez.
4 Félicitez-le quand il y arrive et ne le grondez pas en cas d'accident.

Problèmes/Solutions

→ Il a peur de la chasse d'eau ? Tirez-la en son absence.

→ Il a peur du grand trou sous ses fesses ? Installez-le sur son pot.

→ Il a horreur de voir ou de sentir son caca ? Installez-le sur les toilettes avec un adaptateur. Faites-lui aussi éventuellement un cours de plomberie pour qu'il comprenne où va son caca car certains enfants angoissent à l'idée de voir disparaître un « morceau » d'eux.

→ Il ne veut pas aller sur le pot ? S'il trône en plein milieu du salon, c'est peut-être parce qu'il a besoin d'intimité. Dans ce cas, installez-le dans un endroit calme (salle de bains ou toilettes). Bref, adaptez-vous...

Le bon matériel

- Un pot en plastique facile d'accès.
- Un réducteur pour siège de toilettes.
- Un marchepied pour grimper dessus.
- Des couches pull-up qui se mettent comme des culottes.
- Un protège-matelas imperméable pour les siestes (et plus tard les nuits) sans couches.

Patience, patience... Eh oui, encore !

‹ 77 ›

Le passage au lit de grand

Youpi, youpi, tu changes de lit !

« Nous avons vraiment tout prévu pour que les choses se passent au mieux. On a acheté du linge de lit trop *swag* avec des princesses Disney dessus. On a choisi des pieds de sommier pas trop hauts pour qu'elle puisse grimper dans son lit facilement. On a installé un petit matelas par terre au cas où elle ferait une cascade. On a même investi dans le réveil spécial du lapinou qui dort pour indiquer qu'il est trop tôt pour sortir de son lit. Non, là, vraiment, je pense qu'on est au top.

En plus, notre fille est trop contente de dormir dans son tout nouveau lit de grande.

« Bonne nuit ma chérie ! Tu as vu, c'est chouette d'être grande, hein ?

– Ouiiiiii ! »

Deux heures plus tard… BLOUM !

Nous rentrons dans la chambre et trouvons notre fille toute penaude d'avoir effectué le grand saut. Mais elle ne pleure pas. Merci le petit matelas en mousse. Quatre-vingt-dix minutes plus tard… re-BLOUM ! Cette fois, je lis dans les yeux de ma fille que, finalement, c'est moyennement chouette le lit de grande.

On a vraiment tout prévu pour que les choses se passent au mieux… Enfin presque…

On a juste oublié la barrière de lit. Oups… »

Pour que ça se passe bien

- @ Achetez le nouveau lit de bébé avec lui (ou faites-lui choisir sa housse de couette).
- @ Mettez tous ses petits copains (doudou, peluches…) dans son nouveau lit.
- @ Clôturez son espace visuel pour faire un cocon : avec un toit ou une cabane de lit, un mur de coussins et de peluches…
- @ Gardez le même rituel du soir.
- @ Si vous ne le sentez pas top zen, gardez son ancien lit dans la chambre pour qu'il ait le choix.

La very bad idea

Le faire à un moment déstabilisant pour votre enfant : naissance d'un autre enfant, entrée à l'école, arrêt des couches la nuit…

LE BON MATÉRIEL

- ☆ **Un lit évolutif** qui grandira avec lui, avec des rebords pour qu'il ne chute pas.
- ☆ Si vous prenez un lit normal : **une barrière de sécurité** pour l'empêcher de tomber… et/ou un petit matelas pour amortir les éventuelles chutes.
- ☆ Une **table de nuit** pour faire « chambre de grand ».
- ☆ Une **petite lampe** bien stable pour qu'il puisse allumer de son lit s'il a peur du noir.
- ☆ Un **réveil** avec un indicateur spécial pour les enfants ou un réveil à aiguilles en lui expliquant qu'il doit attendre que la petite aiguille soit là et la grande là pour venir vous réveiller.

78

Comment survivre à un lendemain de grosse fiesta

Plus jamais ça !!!

« On l'a rangé où, le DVD de *Trotro* ?
– Dans le placard à pharmacie. À côté du Doliprane® adulte.
– Ah mais oui, suis-je bête. »

Le DVD de *Trotro* est indissociable du Doliprane® adulte.

Non seulement parce qu'un visionnage abusif dudit DVD peut entraîner de sérieux maux de tête, mais aussi parce que, les lendemains de grosse fiesta, il est important de l'avoir sous la main pour garnir la caboche de l'enfant pendant que les parents soulagent la leur à grands coups de Doliprane® !
En effet, ce bon vieux Trotro ayant des effets hypnotiques sur notre fille, nous pouvons profiter qu'elle enchaîne les épisodes pour nous remettre doucement de nos excès de la veille.

J'entends déjà les anti-télé hurler au scandale, **mais que le parent qui n'a jamais eu recours à la télé en situation d'urgence me jette la première bière... euh, pierre.** »

Note pour la prochaine fois

Faire garder bébé par ses grands-parents… et jusqu'au dimanche soir ! Sinon, faire les 4 x 3 avec la maman (les 4 fois 3 heures).

Comment survivre jusqu'au soir

Et si on jouait au « roi du silence » ?

1 Le prendre dans le lit pour dormir quelques précieuses minutes supplémentaires.

2 Mettre bébé devant la télé pendant qu'on agonise sur le canapé.

3 Prendre une bonne douche et sortir même par – 15 °C pour s'aérer les quelques neurones qui nous restent (avec bébé bien emmailloté).

4 Faire la sieste en même temps que lui (et prier pour qu'elle soit longue).

5 Manger souvent, peu à la fois, et des choses légères : pain grillé, yaourt nature, blanc de poulet, viande, fruits secs, oranges, kiwis et pamplemousse.

6 Boire beaucoup d'eau (éventuellement avec un petit Alka-Seltzer® dedans).

Activités à faire avec bébé

- Enlève et remets les lunettes de soleil de papa.
- Fais à dada sur le dos de papa (qui gît par terre).
- Essaie de faire semblant de dormir plus longtemps que papa.
- Emmaillote papa dans ta couverture (variante : cache papa derrière les coussins du canapé).
- Essaie de soulever le bras ou la jambe de papa.

79

Papa Bafa

« Je ne sais pas lequel des deux kiffe le plus cette activité qui consiste à empiler les Kapla® pour en faire la tour la plus haute possible.
Ma fille semble apprécier le côté « démolisseurs de l'extrême » et, moi, plutôt le côté « grand architecte international spécialisé en gratte-ciel ». De plus, cette activité peut nous occuper une bonne grosse demi-heure. Ce qui, en temps « enfants », est déjà une durée plus que raisonnable puisque **ma fille, comme tous les petits, a la fâcheuse tendance de se lasser très rapidement.**
Par exemple, quand je sors la pâte à modeler, je passe toujours trois fois plus de temps à ramasser les miettes multicolores qu'elle en passe à y jouer. Et c'est la même chose pour toutes les activités !
Heureusement, parfois, ma présence seule suffit à lui donner envie de jouer dans son coin. Je me cale alors confortablement sur un bout du tapis de sa chambre et l'observe faire la conversation avec son « Monsieur Ours ». »

LE MOT SAVANT DU MOMENT

Surstimulation : envie louable des parents d'éveiller au maximum leur enfant. Mais, à long terme, ça le fatigue et ça l'empêche de faire travailler son imagination.

Les jeux que les jeunes enfants adorent

☆ Apprendre à sauter (et ça, du point de vue du spectateur, c'est trop tordant).
☆ Danser.
☆ Chanter.
☆ Jouer à cache-cache.
☆ Courir après le chat.
☆ Lancer et attraper une balle.
☆ Jouer à la poupée.
☆ Faire de la pâte à modeler.
☆ Dessiner.
☆ Mettre une peignée aux adultes au memory.
☆ Les puzzles à grosses pièces.
☆ Le jeu de l'oie.
☆ Les toboggans.
☆ Les gros LEGO®.
☆ Les jeux musicaux, type xylophone.
☆ Regarder le linge tourner dans la machine à hublot?
☆ Trier les pinces à linge.

Petits trucs de pros

- Aménagez un espace de jeu agréable et facile d'accès avec des jouets de son âge.
- Montrez-lui comment faire et restez près de lui avec un bouquin pour l'inciter à jouer seul.
- Acceptez qu'il laisse ses jouets en plan pour s'y remettre plus tard dans la journée.
- Aidez-le à ranger pour lui donner l'exemple.

« 80 »

Cinq fruits et légumes par jour !

“ J'ai vérifié trois fois sur le site *mangerbouger.fr*, la fraise Tagada® ne rentre pas dans la famille des fruits et légumes qu'il faut manger quotidiennement. Dommage ! Il faut donc que je trouve autre chose pour que notre fille ingère sans trop broncher les fruits et les légumes nécessaires à la maintenir en bonne santé.

En plus, comme les courbes de taille et de poids sur son carnet de santé sont dans la moyenne haute, à chaque fois que notre docteur (un peu flippé de l'obésité) ne peut s'empêcher de nous demander ce que nous lui donnons à manger, j'ai l'impression qu'il pense que nous ne la nourrissons que de chips goût bolognaise.

Pourtant, je fais vraiment attention à lui donner les rations quotidiennes recommandées. Je suis même devenu expert en tuning de purées avec assaisonnement, mariage des saveurs et présentations variées car la demoiselle n'aime pas tous les légumes et apprécie encore moins qu'on lui serve deux fois la même chose dans la semaine.

Les goûts de mademoiselle s'affinent... ”

Moi, j'essaie d'acheter des produits de saison chez les producteurs locaux... c'est tellement meilleur !

Les astuces des pros

- Faites à l'enfant **des portions en fonction de la taille de son estomac**, pas du vôtre !
- **Impliquez-le** dans les courses, les préparatifs (en lui faisant laver les légumes, par exemple) et mangez en même temps que lui.
- **Faites des stocks de légumes** surgelés non préparés ou, mieux encore, de purées de légumes surgelées sans aucun ajout (en vente chez notre bon monsieur Picard).
- **Servez-lui des fruits** lavés, pelés et coupés en cubes dans un petit bol. À piquer à la fourchette… ou à manger avec les doigts ! Sinon, faites des compotes. Avec le Baby Cook, rien de plus facile !

Pas de sel et mollo sur le sucre et le gras !

L'appétit des enfants peut varier énormément d'un repas à l'autre, d'un jour à l'autre en fonction des poussées de croissance, de son activité, de sa forme . . .

POUR FAIRE PASSER LES PURÉES DE LÉGUMES

Pensez à ajouter

- Quelques gouttes de lait.
- Une larmichette de crème fraîche liquide légère.
- Une petite cuillère de coulis de tomates.
- Une petite pomme de terre écrasée.
- Une gorgée d'eau entre chaque bouchée.
- Un petit jouet dans les mains pour détourner son attention.

« 81 »

Dr House, le retour…

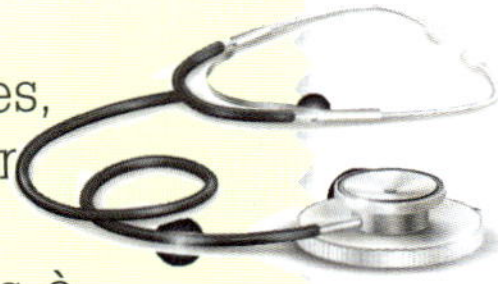

« Alors que j'étais devenu un expert ès pipettes, voilà que ma fille a la mauvaise idée de dépasser le poids maximum inscrit sur ladite pipette.

Deux solutions s'offrent alors à moi. **Première solution :** continuer à utiliser le système à pipettes en délivrant le sirop en deux temps. Inconvénients : convaincre l'enfant qu'il doit accepter non pas une prise de « sirop pas bon » mais deux ; devoir laver la pipette entre deux immersions dans le flacon pour une question évidente d'hygiène. **Seconde solution :** passer à la version sachet de poudre à diluer dans l'eau. Inconvénients : le goût de la poudre est encore pire que celui du sirop ; la poudre n'est finalement pas si soluble et reste collée au fond du verre. Mais, comme aucun problème ne résiste au docteur House, j'ai trouvé une solution pour pouvoir éliminer le problème de la poudre résiduelle : lui faire boire la mixture à la paille. Comme ça, la poudre du fond est la première aspirée.

Trop malin ? Non…
démoniaque, niark, niark ! »

Le meilleur endroit pour faire une piqûre ? Dans les bras de papa.

Rougeole, bronchiolite, varicelle, gastro, grippe, angine, coqueluche… La liste des galères potentielles est longue !

Comment lui donner ses médicaments ?

☆ Expliquez-lui que c'est pour l'aider à aller mieux.

☆ S'il déteste le sirop (ça arrive...), mettez-le au frigo pour « tuer » le goût/donnez-le-lui sur vos genoux en basculant vers l'arrière au moment où vous lui mettez la cuillère dans la bouche/mélangez-le avec de la confiture, de la compote... voire même, sacrilège, du Nutella® !

☆ Pour les gouttes dans le nez, prenez-le dans vos bras et penchez-le légèrement vers l'arrière.

☆ Pour les gouttes dans les yeux, allongez-le sur le canapé, mettez-vous derrière lui, demandez-lui de lever les yeux au ciel... et hop !

Il a peur du docteur ?

- Achetez-lui une panoplie de docteur et des livres sur le corps humain pour qu'il se familiarise avec cet univers étrange et flippant.
- Emmenez doudou avec vous à chaque visite : à deux, on est plus courageux !
- Expliquez-lui ce qu'on va lui faire et pourquoi.
- Lors de la consultation, ne le brusquez pas.

Les bons réflexes

@ Gardez-le à la maison le temps qu'il ne soit plus contagieux et qu'il récupère.

@ Réconfortez-le, câlinez-le, chouchoutez-le...

@ Lavez-vous soigneusement et fréquemment les mains.

@ En cas de grippe ou de bronchiolite, portez un masque.

82

Ronchonnou, ronchonnette, et la peau de cacahouète

« Je viens de faire une découverte scientifique de la plus haute importance. À la manière de Richter et de son échelle à tremblote, j'ai mis au point un système fiable pour évaluer le degré de fatigue de ma fille. L'équation est simple, quand j'y pense : **« Le degré de fatigue est inversement proportionnel à son amabilité ».**
Autrement dit, plus elle est ronchon, plus on sait à quel point elle est éreintée. De la simple journée un peu chargée jusqu'à la nuit blanche, chaque degré aura une répercussion différente. Par exemple, un coucher décalé de 2 heures impactera le lendemain en transformant notre fille en monstre issu du croisement entre Miss Aimable et le Schtroumpf Grognon. D'ailleurs, hier soir, nous avons passé la soirée chez des amis et nous nous sommes couchés à minuit passé. Malgré cet horaire tardif, notre fille n'a malheureusement pas profité de l'occasion pour faire une grasse matinée. Je m'apprête donc à émettre un bulletin d'alerte car nous risquons d'atteindre le degré 9 sur l'échelle du ronchonnage. »

C'est stressant et fatigant d'être un jeune enfant : on a à peine relevé un défi qu'il faut en relever un autre !

La very bad idea

Râler parce que votre enfant râle ! Vous êtes son modèle, son exemple, ne l'oubliez pas !

Dans tous les cas, félicitez-le à chaque fois qu'il affrontera une situation stressante sans grommeler dans sa barbe ! Et si ça part en vrille, faites diversion !

Décryptage du ronchonnage

@ **Votre enfant est fatigué** : trop de choses ou d'émotions à digérer d'un coup.

Solution : laissez-le souffler physiquement et moralement, autrement dit, c'est super qu'il sache marcher mais attendez un peu avant de lui apprendre à faire un parcours santé. Et veillez à ce qu'il ait un rythme régulier et qu'il fasse de bonnes nuits !

@ **Il est frustré** : il a plein de choses à raconter mais n'y arrive pas.

Solution : au lieu de le gronder parce qu'il s'énerve, posez-lui des questions pour essayer de le comprendre. Cette simple marque d'attention peut faire des miracles sur son humeur.

@ **Il est découragé** : il a très envie de faire quelque chose tout seul mais n'y arrive pas.

Solution : encouragez-le (à assembler ses blocks de construction, à faire son puzzle…) en lui montrant, si nécessaire, comment faire. Par contre, ne le faites pas à sa place !

‹ 83 ›

Mademoiselle pique sa crise !

“ J'avais déjà ressenti cela quand elle était bébé et que le manque de sommeil commençait à avoir sur moi des effets inquiétants. Mais, hier, quand je l'ai vue piquer sa crise comme subitement possédée par le diable, hurlant et tapant des pieds et que cela durait, je ne m'attendais pas à ce que ces images affreuses traversent de nouveau mon esprit.
Je me suis imaginé en train de péter les plombs à mon tour et de la projeter contre le mur.
Heureusement, tout cela n'a jamais dépassé le stade des images fugaces et je suis toujours parvenu à conserver la maîtrise de mes gestes. Mais ce genre de pensées, aussi passagères soient-elles, font se sentir horriblement coupable.

Les nerfs des parents sont parfois mis à rude épreuve. Mais moi, je suis grand. Je dois savoir me contrôler.

« *Keep calm and stay zen.* »
(Kung-fu Papa, 2014) ”

Un cran au-dessus de la ronchonnerie... Mais ça ne finira donc jamais ???

La very bad idea

Vous dire que votre enfant a vraiment un caractère de cochon et que vous ne pouvez rien y faire.

LE COMMENT DU POURQUOI

Les jeunes enfants vivent dans l'instant, comme quand ils étaient bébé, ce qui les fait passer de la plus grande joie à la plus profonde colère en cas de frustration. Et comme ils n'ont pas encore assez de vocabulaire, ils s'expriment par le corps : et que je crie, et que je tape, et que je pleure, et que je me roule par terre !

LE MOT SAVANT DU MOMENT

Frustration : état de profonde insatisfaction que l'on ressent quand les choses ne vont pas comme on veut. Ça arrive malheureusement souvent aux jeunes enfants. La bonne nouvelle, c'est que ça leur apprend à grandir. Alors, au lieu d'activer le programme « surprotection » pour éviter toute forme de frustration à la petite altesse de la maison, donnez-lui des outils pour l'affronter.

SI VOTRE ENFANT PÈTE UN CÂBLE, AU LIEU DE FAIRE COMME LUI :

- ☆ Dites-lui que vous comprenez sa déception mais que vous ne pouvez pas exaucer son souhait pour telle et telle raison.
- ☆ Respirez profondément pour garder votre calme.
- ☆ Prenez-le calmement dans vos bras pour l'apaiser, le réconforter.
- ☆ Faites diversion en lui proposant une autre activité.

84

Guerre de pouvoir

« L'un de nous deux est de trop dans cette ville, cow-boy. Et j'peux t'dire que c'est celui qui ne porte pas d'couche, si tu vois c'que j'veux dire… »
Eh bien. J'ai l'impression que je suis de nouveau embarqué dans un duel sans l'avoir provoqué. Ça devient très chronophage cette histoire. Je dois me battre plusieurs fois par jour, voire même par heure. Très bien. Allons-y. Je suis face à mon adversaire. Nous nous regardons dans le blanc des yeux. Derrière nous, des moutons de poussière traversent la pièce, poussés par le vent. L'ambiance est pesante. Je dégaine le premier.
« Tu ramasses le jouet que tu as fait tomber, s'il te plaît. »
Elle réplique presque instantanément :
« Non ! »
J'esquive habilement et tire une seconde fois.
« Moi, je crois que si. Allez, tu ramasses ce jouet. »
Là encore, la réplique fuse.
« NON ! »
Je tire ma dernière balle.
« Je compte jusqu'à trois.
Un. Deux. Tr…
– D'accord. »
Et voilà encore un duel de gagné. Jusqu'ici, j'en suis toujours sorti vainqueur, mais je sais que la chance peut tourner à tout moment.

LE MOT SAVANT DU MOMENT

La période du « non » : besoin, pour l'enfant, de se construire sa propre personnalité, et qui se traduit par un usage fréquent et immodéré du « non ».

Motifs de contrariété pour un jeune enfant

1 Il n'a pas le droit de mettre ses sandales l'hiver.

2 Le chat refuse qu'il lui enfonce les doigts dans les oreilles.

3 Il ne veut pas monter dans la voiture.

4 Il ne veut pas descendre de la voiture.

5 Il n'arrive pas à trouver le mot de passe de votre tablette.

6 Il n'a pas le droit de faire le tri dans la poubelle.

7 Il déteste son nouveau pull...

Si, malgré l'interdit, l'enfant recommence, c'est pour vérifier que son geste entraîne toujours la même réaction.

Pour annihiler toute tentative de coup d'État, **donnez-lui l'illusion du choix** : au lieu de lui proclamer : « Aujourd'hui, c'est manches longues obligatoires ! », dites : « Tu veux mettre ton tee-shirt à manches longues gris ou ton tee-shirt à manches longues rose ? »

« 85 »

La première longue séparation

« *Mea culpa*. Je me suis souvent moqué des parents qui rêvaient d'avoir du temps pour eux et qui, dès que leurs enfants partaient en vacances, ne pouvaient s'empêcher de ressentir un énorme manque.

Maintenant que je suis dans la même situation, je vois les choses d'un autre œil.

À peine 48 heures après qu'elle est partie en vacances chez mamie, **je ressens déjà les premiers effets de son absence.**

Bien sûr, j'apprécie le fait de n'avoir rien à gérer, de ne pas avoir à préparer de repas équilibrés, de ne pas avoir de rythme imposé ni de réveil la nuit pour cause d'envie de pipi. Je suis également vraiment content de faire une pause pour les “ Papaaaaa ! J'ai fini d'faire cacaaaa ! »...

Mais sa présence, ses éclats de rire, son odeur et même son ronchonnage (c'est grave, n'est-ce pas ?) me manquent.

Je crois que je suis irrémédiablement addict. »

DANS SA VALISE

☆ Son doudou.

☆ Son petit matériel pour bien dormir : veilleuse, boîte à musique, taie d'oreiller fétiche…

☆ Une photo de vous.

☆ Ses jouets préférés.

☆ Son carnet de santé.

☆ Un « mode d'emploi » pour les gens qui en auront la charge : heures de coucher, alimentation, petites habitudes…

À faire en amont pour que tout se passe bien

Confiez votre enfant sur de courtes durées à ses futurs « gardiens » pour qu'ils s'habituent doucement les uns aux autres et prennent leurs marques.

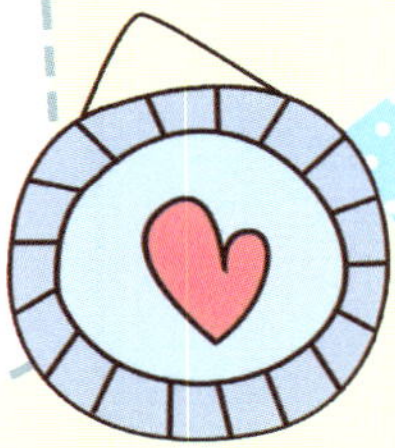

La very bad idea

Appeler son enfant par Skype au moment du câlin du soir. Le virtuel dans ce cas, c'est très moyen.

Les retrouvailles

→ Ne vous vexez pas si votre enfant ne se jette pas à votre cou. C'est la dure loi du genre. Vous l'avez « abandonné », vous devez payer. Heureusement, ça passe vite. Donnez-lui juste un petit peu de temps, même si vous mourez d'envie de le couvrir de bisous.

→ Ne vous fâchez pas non plus s'il a pris de « mauvaises habitudes ». L'important, c'est qu'il ait passé des super vacances et qu'il ait envie d'y retourner ! À vous ensuite de le recaler. Oui, c'est ingrat le métier de parents, mais c'est comme ça…

« 86 »

La peur du monstre tout noir et tout méchant

« Je ne sais pas si c'est en lien avec les livres que nous empruntons à la médiathèque, mais une chose est sûre, notre fille a découvert la trouille du monstre dans la chambre quand on éteint la lumière.
Tant mieux. On commençait à trop bien dormir. Ça aurait été dommage de faire des nuits complètes.
Notre monstre à nous s'appelle « le Bouchouk ». Pourquoi ce nom ? Aucune idée. Toujours est-il que, en super papa courageux, j'ai décidé de l'exterminer.
Ma méthode ? Le ridiculiser, cet horrible Bouchouk, en l'imitant.
Je prends donc une grosse voix de Bouchouk (faites un effort d'imagination) et ne manque aucune occasion de le faire intervenir au quotidien. Par exemple, dans l'escalier, le Bouchouk attrape la miss sous les bras et lui fait monter les marches deux par deux. Et, comme elle aime bien que son papa lui fasse peur, elle glousse de trouille et de joie à chaque fois.
Aujourd'hui, le Bouchouk a quasiment fini sa mutation de monstre horrible en monstre rigolo.
Papa : 1
Bouchouk : 0 »

Note pour la prochaine fois

Ne plus lui lire de livres sur les peurs enfantines, car même si ce sont ses préférés, ça la fait trop flipper !

Vers 2-3 ans, **certaines anciennes peurs peuvent resurgir**, notamment celle de la séparation (*remember* ses 8 mois), d'où sa peur du loup et des « voleurs d'enfants » !

La very bad idea

Se moquer de son enfant

Le forcer à rester dans le noir.

Décryptage

La peur du noir apparaît vers 18 mois, un âge où l'enfant apprend plein de nouvelles choses (à marcher, à monter les escaliers, à s'asseoir sur le pot), ce qui éveille en lui de nouvelles inquiétudes. Cette peur est donc réelle et très fréquente chez les jeunes enfants qui, dans l'obscurité, perdent leurs repères. Tout devient alors prétexte à avoir peur : les ombres, les contours flous des objets… Rassurez-le en lui disant que beaucoup d'enfants ont peur comme lui du noir même s'il n'y a aucun danger. Et achetez-lui une petite veilleuse ou laissez une lumière du couloir à l'extérieur de sa chambre (et sa porte entrouverte).

Les dents (des loups, des crocodiles, des sorcières…) symbolisent l'agressivité chez les jeunes enfants.

Est grande, moi !

« 87 »

En route pour l'autonomie !

« Bon, c'est bien beau de vouloir jouer les grandes en essayant d'imposer sa loi à la maison, mais il va falloir nous prouver qu'elle l'est vraiment.
Nous aurions pu commencer en lui demandant de nous préparer le petit déjeuner et de nous l'apporter au lit, mais nous allons devoir patienter encore quelques années pour ça.
Par contre, je pense qu'il est temps, pour elle, d'apprendre à s'habiller seule.
Ce matin, j'ai donc sélectionné ses vêtements et l'ai laissée gérer son habillage malgré quelques protestations de sa part (fainéante !).
Voici le bilan de cette première tentative.
La culotte était à l'envers mais elle était complètement enfilée, contrairement à ses camarades chaussettes qui ne couvraient que ses orteils. Du côté tee-shirt, la nouvelle mode consiste à le porter sans passer la tête par le col, sachez-le. Autre tendance à souligner, il est désormais inutile de fermer son pantalon. On gagne ainsi un temps fou. Quant aux chaussures, tant qu'un système ne permettra pas de dissocier facilement la gauche de la droite, ma fille a décidé que plus personne n'avait l'obligation d'en porter.
Bilan mitigé, donc... »

Note pour la prochaine fois

Mettre en pause l'apprentissage de l'autonomie vestimentaire les matins d'école quand le *timing* est archiserré.

Les détails qui aideront bébé à s'habiller seul

1 Les vêtements avec un peu d'élasthanne.
2 Les leggings au lieu des collants.
3 Les gros boutons-pressions.
4 Les gilets (à la place des pulls).
5 Les chaussures à scratchs.
6 Les chaussures avec un détail qui distingue la droite de la gauche.

Le début de l'autonomie

* Enfiler des vêtements amples seul : vers 2 ans.
* Faire un brin de toilette seul : vers 3 ans.

La toilette

- Mettez à sa disposition tout ce dont votre enfant a besoin pour sa toilette.
- Installez un marchepied sous le lavabo pour qu'il puisse se débarbouiller le visage et se laver les mains seul (à l'eau froide !!!).
- Dans le bain, montrez-lui où et comment se laver et se rincer.
- Au début, supervisez de près l'opération, genre « inspecteur des travaux finis ».
- Ensuite, trouvez-vous un truc à faire dans la salle de bains pour le surveiller du coin de l'œil.

Les repas

Votre enfant veut se préparer à manger seul ?
Mettez ce dont il a besoin pour le petit déjeuner et le goûter à sa portée, dans un placard bas, avec un petit plateau, une assiette incassable et des couverts d'enfant. Et pour les autres repas, demandez-lui de vous aider à mettre la table.

Et si on lavait ta poupée pour que je te montre comment faire ta toilette ?

« 88 »

Dans la famille Librivore, je demande la fille

Il était une fois un papa qui savait super bien raconter les histoires...

« Merci ma fille. Grâce à nos lectures du soir, je me suis découvert une nouvelle passion. **Je ne pensais pas avoir en moi ce petit talent caché pour faire les voix des personnages de tes livres.**

Tu m'as permis de travailler la voix rauque du loup, celle qu'on puise au fond de la gorge et qui finit par faire tousser quand le loup parle un peu trop. Tu m'as aussi aidé à trouver celle que je donne aux animaux rigolos en les affublant d'un chuintement digne d'Isabelle Mergault. Et tu es tellement captivée par nos lectures que je veux en faire toujours plus pour m'améliorer dans l'art du doublage.

Par contre, il y a une chose pour laquelle je n'ai jamais réussi à me perfectionner malgré les centaines d'histoires que nous avons déjà lues. Quand un des personnages chante sur un air inconnu, mon cerveau se met à bugger. Je crois que je ne m'y ferai jamais. Alors je chante sans grande conviction et, la plupart du temps, je colle maladroitement les paroles sur l'air d'*Au clair de la lune*.

Note aux auteurs de livres pour enfants : arrêtez de nous faire chanter ! C'est vicieux... et ça fait souffrir tout le monde. »

Même si votre enfant ne comprend pas l'histoire, il sera captivé par les effets que vous mettrez dans votre voix. Alors, lâchez-vous !

Comment l'intéresser aux livres

☆ Mettez à sa disposition des tas de livres… et ce dès son plus jeune âge. Ceux en tissu et en carton sont spécialement conçus pour ça !

☆ Feuilletez ensemble des livres animés avec des matières à toucher, des volets à soulever, des languettes à tirer…

☆ Lisez-lui des livres de façon théâtrale : en changeant de voix, en changeant de rythme, en chuchotant, en vous esclaffant…

☆ Quand il saura marcher, mettez des livres à sa hauteur un peu partout dans la maison, ou dans des bacs à livres à roulettes dans sa chambre.

☆ Quand il sera en âge de choisir, respectez ses choix, même si vous n'en pouvez plus de Charlotte aux Fraises et de ses fraisi-amies !

‹ 89 ›

L'art et la manière

“ Étant dingue de cinéma, j'ai bien l'intention de tout faire pour transmettre mon amour du 7e art à ma fille. D'ailleurs, j'ai commencé le travail de séduction en l'emmenant pour la première fois voir un film d'animation sur grand écran.
Pour la préparer un peu au spectacle qui l'attendait, j'avais pris soin de la prévenir que le son allait être un peu fort. Il faut dire qu'elle déteste tout ce qui dépasse le volume sonore d'une mouche au galop (sauf quand il est question d'écouter ses chansons dans la voiture). Et ça n'a pas loupé. À peine les premières pubs étaient lancées qu'elle se bouchait les oreilles avec ses deux mains. Et puis elle s'est habituée tout doucement. Par contre, j'ai commis une erreur de débutant en choisissant d'aller voir un film en 3D. Les lunettes 3D, en plus d'être surdimensionnées pour un si petit nez, sont devenues rapidement plus amusantes à triturer que le film à regarder.
Malgré tout, elle m'a dit en sortant de la salle que « c'était trop bien ! ». **Au final, cette première tentative est donc un demi-succès** qui me donne envie de renouveler l'opération prochainement.
Sans 3D... ”

Note pour la prochaine fois

Prendre des boules Quies ou un casque antibruits quand on retournera voir un spectacle.

La very bad idea

Obliger son enfant à regarder le film ou l'expo en entier.

SA PREMIÈRE EXPO

- ☆ Choisissez du ludique et du coloré genre Miró, Mondrian, Jeff Koons, Klee… ou du mignon genre « photos de jeunes animaux »…
- ☆ Inscrivez-le à l'atelier « jeunes enfants » s'il y en a un adapté à son âge.
- ☆ Prenez la poussette pour l'inévitable petit coup de pompe.
- ☆ Repérez où sont les W-C.
- ☆ S'il n'y a rien à manger et à boire sur place, amenez de quoi survivre.
- ☆ N'y restez pas des heures.

Stratégie antipubs

Pour échapper à la flopée de pubs et de bandes-annonces pas toujours adaptées aux yeux et aux oreilles des enfants, certains parents arrivent exprès en retard. Moi, je lui passe mon smartphone pour l'occuper ;-) Choisis ton camp, camarade !

Quelle joie, quelle émotion de voir son enfant vibrer devant le grand écran ! Encore faut-il bien choisir le film… Les premières fois, le programme doit être court et, si possible, varié. Le top ? Une suite de courts-métrages pour enfants.

‹ 90 ›

Et si on se débarrassait de maman ?

Quand je serai grande, je me marierai avec toi !

« Je n'aimerais pas être à la place de ma femme en ce moment. Je ne serais pas étonné de voir débarquer à la maison un tueur à gages missionné par notre fille tant celle-ci semble vouloir rayer de la carte toute concurrence affective féminine. En même temps, il y a des signaux qui devraient la mettre en alerte.
Je ne peux plus prendre ma femme dans mes bras sans que cela déclenche, dans la seconde, une véritable alarme, à la manière des détecteurs de fumée : « NOOOON ! ARRÊTEZ !!! »
Dans un deuxième temps, le message est transmis de manière plus physique. Notre fille utilise la technique dite « du pied-de-biche sur vieux clou » pour s'insérer entre nous deux et éjecter sans ménagement ma pauvre chérie.
Enfin, la dernière phase passe par le regard. Du genre « yeux revolvers et regard qui tue ». Elle fronce ses mini-sourcils et exprime avec force tout le bien qu'elle pense de cette empêcheuse d'aimer papa !
La guerre d'Œdipe est déclarée. »

Le complexe d'Œdipe est une étape naturelle du développement de l'enfant. Il survient en général entre 3 et 5 ans sous des formes plus ou moins spectaculaires et se termine naturellement vers 6/7 ans.

LES MANIFESTATIONS DE L'ŒDIPE

- ☆ **Une grosse opération de charme** envers le parent du sexe opposé accompagnée d'un énorme besoin de contacts physiques.
- ☆ **De l'agressivité** envers le parent du même sexe.

La very bad idea

Gronder son enfant parce qu'il dit qu'il n'aime pas sa maman.

Que faire ?

- Dire à votre fille que ça vous fait plaisir qu'elle veuille se marier avec vous, mais que ce n'est pas possible car vous êtes déjà marié à sa maman.
- Lui vanter les mérites de sa mère.
- Ne pas la laisser vous toucher n'importe où ou avoir un comportement que la morale réprouve (et que j'essaie de t'embrasser sur la bouche, et que je me frotte à toi...).
- Être pudique en sa présence.

LE VRAI ŒDIPE

Accusé par un devin d'être le futur assassin de son père et le futur mari de sa mère, bébé Œdipe est abandonné puis élevé par le roi et la reine de Corinthe. Adolescent, apprenant la terrible prophétie, il quitte ceux qu'ils croient être ses parents pour les épargner. En chemin pour Thèbes, il tue un vieillard (son vrai père), puis, arrivé sur place, épouse la reine... sa mère !

« 91 »

La sieste pour tous !!!

Enfin tranquilles !

" Elle dort depuis 15 bonnes minutes.
Il faut que je vérifie ma check-list une deuxième fois.

Téléphone fixe décroché ? OK.
Téléphone portable sur silencieux ? OK.
Piles dans la sonnette retirée ? OK.
Volume de la télévision au minimum ? OK.
Chiens rentrés dans la maison pour qu'ils n'aboient pas dans le jardin sur le premier pigeon qui passe ? OK.
Bon, ça devrait être pas mal.
Arf… j'ai l'impression d'avoir oublié une chose pourtant. J'espère que non parce qu'elle a vraiment besoin de faire une sieste. Et moi, j'ai vraiment espoir que la sieste sera longue car mademoiselle ma fille est fatiguée (comprendre : insupportable). Elle est même très, très fatiguée au point que si je ne fais pas une pause d'au moins 1 heure, je risque de dire des trucs moches en moldave et…
BLAAAAM !!!
Et voilà… J'ai oublié de fermer les fenêtres et le courant d'air vient de faire claquer la porte de la cuisine. Adieu la sieste longue.
*Sfinte Sisoe !**

* Bordel de merde ! (en moldave) "

DEUX CAS EXTRÊMES

→ **Votre enfant ne veut plus « dormir » l'après-midi ?** Dites-lui d'aller « se reposer » ou de « faire un gros câlin à son doudou ». C'est fou comme en tournant ses phrases autrement, on peut faire des miracles...

→ **Il dort trop et n'arrive pas à trouver le sommeil le soir ?** Écourtez ses siestes en le réveillant doucement... Au début, il risque de ne pas apprécier, mais il prendra très vite le rythme.

ZZzzzzzzz

Avantages et inconvénients de la sieste

- Ça requinque les enfants, et un enfant requinqué, c'est un enfant aimable.
- On a enfin un peu de temps pour soi... et du calme !
- C'est plus facile à gérer que le coucher du soir (séparation moins longue, lumière et bruits rassurants...).
- Ça l'aide à trouver le sommeil plus facilement le soir car, lors des siestes, il évacue les tensions accumulées depuis le matin.
- On est bloqués tous les après-midi à la maison.

Conclusion : en fait c'est quand même bien, la sieste !

En mode « fourberie » extrême

« Je sais que tu ne veux pas dormir, mais écoute tranquillement ce petit CD dans ton lit, et après tu pourras venir nous voir... »
1 minute et 43 secondes plus tard...
« ZZzzzzzzzzzzzzzzzzzz »
« Yes, we did it!!! »

En général, vers 12-15 mois, un bébé peut zapper la sieste du matin et fait une sieste l'après-midi (de 30 minutes à 3 heures).

« 92 »

Le roi du mensonge

« J'ai menti et je me suis fait avoir comme un débutant. Il faut dire qu'elle est douée, ma fille. Je n'ai rien vu venir.
Ce matin, elle a voulu faire un dessin. J'ai donc sorti les feutres, les crayons et je lui ai donné une feuille. Oui, une seule feuille car la miss dessine tout le temps et je crains qu'on l'accuse d'être responsable de la déforestation (de la planète) tant elle consomme de papier. Quelques minutes plus tard, elle arrive vers moi, la bouche en cœur, en m'offrant son dernier chef-d'œuvre pictural.

Comme d'habitude, il m'a fallu un certain temps pour comprendre ce que le gribouillage représentait. Comme d'habitude, j'ai feint l'émerveillement d'avoir la chance de recevoir un tel cadeau avant de classer ce 42754e dessin dans le bac jaune, celui qui promet une nouvelle vie au papier sacrifié.

Papa, pourquoi tu as le nez qui pousse ?

Le soir venu, ma fille a réclamé son dessin pour y ajouter un sticker Charlotte aux fraises. Oups.
« Euh… mais non. Il est déjà très, très beau comme ça.
– Mais siiiii ! En plus, je veux le montrer à maman ! Donne !
– Euh… Je ne sais pas où je l'ai rangé !
– Tu l'as mis à la poubelle ?!?
– Mais non… OH MAIS DIS DONC ! Ce ne serait pas l'heure de manger un p'tit bonbon ?! » »

Les bons mensonges

- **Les mensonges d'encouragement,** très utiles lors des spectacles de fin d'année ou quand on reçoit son premier cadeau fait avec ses petites mains ! Attention à ne pas en abuser pour qu'il ne se prenne pas pour le futur Picasso.
- **Les mensonges qui aident à grandir :** le père Noël, les cloches, la petite souris, autant de belles histoires qui embellissent la vie. Attention à ne pas trop en faire, genre « je laisse la porte ouverte et je vais faire du bruit sur le palier pour lui faire croire que le père Noël est là » car ça risque de le faire pétocher grave.

LES MOINS BONS MENSONGES

Les mensonges-menaces… auxquels on a parfois recours pour se faire obéir quand on est au bout du rouleau. Attention à ne pas en faire un mode de fonctionnement qui, sur le long terme, peut se retourner contre l'adulte car l'enfant perd confiance en lui et finit par reproduire le modèle reçu : mentir à tout bout de champ.

Innocent mais pas idiot !

Il a vu quatre pères Noël différents en trois jours et trouve ça quand même un peu bizarre ? Dites-lui que ce sont des comédiens que le père Noël engage pour le représenter pendant qu'il prépare les cadeaux.

‹ 93 ›

En route pour l'école

« Alors ? Comment ça s'est passé sa première rentrée ?
– Eh bien, le ventre à l'envers, l'envie de pleurer, l'angoisse de la séparation, la peur de l'inconnu, le super combo, quoi…
– Oh mince, la pauvre choupette. Elle a pleuré longtemps ?
– Ah non, pas du tout. Non, je parlais de nous. Pour elle, ça s'est extrêmement bien passé. C'en est limite vexant. **Elle nous a lâchement abandonnés dès les premières secondes et nous a salués de la main sans même se retourner.** À croire que le coin dînette de la maternelle avait plus d'importance que sa famille. Alors on s'est retrouvés sur le parking de l'école, comme les autres parents, à regarder tristement nos montres pour évaluer le temps qui nous séparait de l'heure des retrouvailles.
– Oh mince, les pauvres chouchous. Vous avez pleuré longtemps ? »
Bon, en vérité, nous nous sommes assez vite remis de nos émotions et nous avons profité de cette matinée rien qu'à deux pour boire un café en terrasse et flâner dans les boutiques.
Une chouette rentrée pour tout le monde, finalement.

Bien comprendre ses pleurs

Le premier jour, les pleurs de l'enfant sont des pleurs d'appréhension, surtout si la moitié de la classe est en larmes. Mais au bout de plusieurs jours, il « pleure l'angoisse » de ses parents.

Ce n'est pas parce que vous avez détesté l'école qu'il ne va pas l'aimer !

Pour angoisser moins, au lieu de voir ce que vous perdez (l'exclusivité de sa petite personne), voyez ce que votre enfant va y gagner (l'ouverture aux autres, l'acquisition de nouvelles compétences…).

Les secrets d'une rentrée zen

1 Allez visiter l'école avec lui lors de portes ouvertes pour vous familiariser tous les deux avec les lieux.

2 Quelques jours avant la rentrée, expliquez-lui comment ça va se passer : « c'est tous les jours », « tu auras une maîtresse avec qui tu apprendras plein de choses intéressantes », « le matin tu feras ci, le midi tu mangeras là, et le soir je reviendrai te chercher à 16 h 30… »…

3 Si possible, ne lui infligez pas tout de suite le plein-temps et la garderie. C'est crevant la collectivité pour un petit bout.

4 Intéressez-vous à ce qu'il fait sans lui mettre la pression, bien sûr !

Le jour J

Quand la maîtresse vous dira de partir, partez sans vous retourner. Et dites-vous que le héros du jour, contrairement à vous, aura séché ses larmes dans 5 minutes !

94

L'influence de la cour d'école

« Papa ? Ça veut dire quoi "couilles" ?
– Hein, quoi, où ça ? Qu'est-ce que tu dis ?!?
– Ça veut dire quoi "couilles" ?
– Où as-tu entendu ce mot ???
– C'est Kilian, à l'école, il a dit "casse-moi pas les couilles" avant d'aller à la sieste.
– Kouillian, euh non Kilian, enfin, bon... alors... Kilian a dit ça parce qu'il était sûrement très en colère contre quelqu'un. Et, couilles, c'est... comment dire...
– C'est son doudou ?
– Non. Pas du tout, du tout. Enfin, non. Non, non, non. C'est un mot pas beau du tout pour dire testicules. Et les testicules, c'est ce qu'il y a sous le zizi des garçons. C'est un mot très moche quand on est petit, tu sais.
– D'accord.
– Vvvvoilà...
– D'accord. Je vais dire à Kilian pour les testicules moches ! »

Au secouilles... SECOURS !

Pourquoi tant de violence ?

Jouer avec d'autres enfants est à la fois très plaisant et très frustrant ! Et parfois, quand l'enfant ne trouve pas les mots pour exprimer ce qu'il ressent, il tape. Inutile de le gronder, au risque d'aggraver sa frustration, mais aidez-le à mettre des mots sur sa colère.

COMMENT LUI FAIRE PASSER L'ENVIE DE DIRE DES GROS MOTS ?

- ☆ N'en dites pas devant lui... Étonnant, non ?
- ☆ N'en faites pas tout un fromage. S'il voit que ça ne vous agace pas plus que ça, il se lassera.
- ☆ S'il faut vraiment que ça sorte, proposez-lui d'aller se défouler dans sa chambre, avec son doudou.
- ☆ Dédramatisez tout ça en lui lisant des livres « pipi/caca » rigolos.
- ☆ Proposez-lui des alternatives amusantes : « saperlipopette », « pétard », « jus de chaussette qui pue »...

Mais je ne l'ai pas éduqué comme ça, moi !

Le cas des solitaires...

Votre enfant reste seul dans son coin ? Il est peut-être timide, observateur ou a juste besoin de calme. Chacun son truc, son caractère... S'il n'en souffre pas, ne vous inquiétez pas. Sinon, proposez-lui d'inviter un petit copain à la maison et de préférence un calme, comme lui.

« 95 »

Mort aux poux !

Que du bonheur !

« Quand j'ai vu l'affichette sur la porte de la maternelle, un long frisson a parcouru tout mon corps, des pieds à la tête (qui a instantanément commencé à me gratter).
Les poux sont de retour. Merci de vérifier la tête de vos enfants.
Des poux sur la tête de ma fille ? Ah non, non, non. Pitié. Je ne veux pas voir ces bestioles chez moi. De retour à la maison, me voilà plongé dans une exploration minutieuse de ses bouclettes. Je suis fébrile car je sais à quel point se débarrasser de ces parasites peut être galère, et **j'imagine toute la famille contaminée.**
Ça me gratte, purée. Mais, heureusement, aucun pou ni aucune lente ne semble avoir élu domicile sur son crâne. Malgré tout, je pose quand même la question :
« Est-ce que ça te gratte sur la tête ?
– Non, ça gratte là, là, là et là », me répond-elle en désignant son bras gauche, son ventre, ses genoux et sa langue. Mais bien sûr.
Décision est prise de passer immédiatement en mode préventif. Je file à la pharmacie pour acheter un flacon d'huile essentielle de lavande et, dès demain, nous adopterons une nouvelle coiffure officielle pour les jours d'école : deux tresses bien serrées.
Rah, ça me gratte encore… »

La very bad idea

Faire comme si vous n'aviez rien vu et l'envoyer comme ça à l'école.

La meilleure solution pour faire partir les lentes ? Les enlever une par une comme un papa singe. Bon courage...

Refaites un shampooing antipoux 5 jours après. Surveillez sa tête quotidiennement pendant une bonne semaine, puis régulièrement.

Plan d'attaque

☆ Si vous découvrez le matin des poux sur la tête de votre fille, attachez-lui les cheveux et prévenez la maîtresse. Et bien sûr, si vous avez le temps et de quoi la traiter tout de suite, faites-le !

☆ Sinon, le soir, une fois les produits nécessaires achetés en pharmacie, faites-lui un shampooing antipoux et laissez agir le temps nécessaire (certains agissent en 15 minutes).

☆ Rincez à l'eau claire soigneusement pour éliminer tout le produit ou refaites avant un shampooing (selon les instructions. Normalement les affreuses bestioles devraient tomber dans la baignoire).

☆ Passez le peigne à poux pour enlever ce qui reste.

☆ Lavez ses draps et taies d'oreiller à 60 °C.

☆ Aspirez toutes les surfaces sur lesquelles elle a posé la tête.

☆ Et inspectez de près son doudou.

Note pour la prochaine fois

Pensez à acheter du shampooing à poux express (pour traiter aussitôt).

‹ 96 ›

Comment gérer son premier amour

Avant de sortir le bazooka, lisez ça !

« « Bah moi, je suis amoureuse de Constant ! Même que je lui ai fait un bisou sur la bouche. »

[Quelque part, dans mon cerveau] : QUOI ?!? ALLÔ ?! ON A UN PROBLÈME HOUSTON ! APPELEZ LES U.E.P. !!!

Oui, bonjour, c'est bien le bureau des Urgences Émotives Paternelles ?

Bien. Je vous appelle pour une urgence. Ça ne va pas du tout. Ma fille de 4 ans à peine vient d'employer les mots « amoureux » et « bisou sur la bouche » dans la même phrase ! C'est quoi c'bazar ?

J'étais d'accord avec moi-même pour que cela n'arrive pas avant ses 22 ans, voire 24. Il faut absolument faire quelque chose, hein. Je m'attendais à devoir gérer le « complexe d'Œdipe » mais pas le « manque de complexe à embrasser le premier séducteur venu ».

Voilà. Ma fille, ma choupette, m'a annoncé sans ménagement qu'elle était amoureuse.
Même pas 4 ans, quoi... »

« Un jour son prince viendra... » (Ouais, mais pas trop vite quand même.)

Les very bad idea

☆ **Lui dire :** « Montre-moi ce petit morveux, que je lui explose la tronche. »

☆ **Balancer devant elle** à toute la famille : « Elle a un amoureux, ils n'arrêtent pas de se faire des bisous, il lui a même acheté une bague ! »

☆ **Se moquer d'elle :** « Toi, amoureuse de cette face de rat ? Aaaaah, trop drôle ! »

☆ **Trop s'emballer :** « Tu me donnes le 06 de ses parents, on a un mariage à organiser. »

☆ **Projeter votre propre histoire** sur la sienne : « De toute façon, toutes des garces ! »

LES VERY GOOD IDEA

☆ Si vous sentez qu'elle a besoin d'être rassurée, racontez-lui ce que vous avez vécu à son âge : « Elle s'appelait Claire et elle avait deux petites couettes… »

☆ En cas de gros chagrin, consolez-la sans minimiser ce qu'elle ressent : « C'est normal que tu sois triste, mais ça va passer ».

Certains enfants découvrent les joies de l'amour très tôt : un petit copain de classe, un nouveau à la crèche, et hop, le petit cœur s'emballe. C'est normal et c'est déjà très intense même si, contrairement aux adultes, cela reste très cérébral.

« 97 »

Son premier anniversaire avec ses copains

« Aujourd'hui, nous recevons une demi-douzaine d'enfants de 4 à 5 ans en plus du nôtre pour son anniversaire. Même pas peur !

Comme nous avons la chance d'avoir un jardin, nous avons prévu que tout se passe à l'extérieur. Coup de bol, la météo est de notre côté.

Nous avons préparé une « pêche aux canards », mis en place des jeux de quilles et un atelier de création de chapeaux d'anniversaire, préparé la sono et un CD de chansons soigneusement sélectionnées, révisé les règles de tous les jeux collectifs… bref, nous sommes « au top ».

14 h 30 : les premiers invités arrivent. Chaque parent qui nous dépose son enfant nous souhaite bon courage. Tiens, c'est amusant.

14 h 35 : nous commençons par la pêche aux canards car les enfants trépignent d'impatience.

14 h 39 : fin de la pêche. QUOI ???

MAIS ÇA DEVAIT DURER AU MOINS 20 ou 30 minutes ce truc-là !

Nous n'avons pas d'autre choix que d'enchaîner les activités à un rythme effréné.

En dernier recours, sortez des petits jeux calmes et laissez-les jouer seuls.

Note pour l'année prochaine

Se renseigner sur les anniversaires organisés par le parc de loisirs intérieur du coin.

Résultat, **à 15 h 20,** nous sommes à court d'idées, entourés de 7 mômes surexcités.
Et là, subitement, le « bon courage » des autres parents prend tout son sens.
« Chérie, tu crois que c'est grave si on attaque le goûter **à 15 h 22 ?** »
On ne va jamais tenir **jusqu'à 17 h 30**… HELP ! ”

À quel âge lui organiser son premier anniversaire avec ses copains ?

Là, tous les parents confirmés et sains de tête et d'esprit vous diront : « Pas avant qu'il vous le demande ». Avec beaucoup de chance, ça ne sera peut-être pas avant le CP.

Combien d'invités ?

Pour éviter de vous retrouver avec les deux tiers de la classe, instaurez la règle du « un enfant par année », c'est-à-dire 3 pour 3 ans, 4 pour 4 ans, etc.

MAIS POURQUOI IL PLEURE ?

Alors que la fête bat son plein, le roi du jour éclate en sanglots… Trop d'émotions, trop de monde, trop peu d'attention (normal vous vous consacrez à 100 % à ses petits invités)…
Que faire ? Faites diversion pour lui changer les idées (et faites sortir la petite troupe de sa chambre), dites-lui que vous avez besoin de son aide pour que la fête soit réussie…
À ne pas faire : le gronder devant tout le monde. Le traiter de méchant. Le menacer de ne plus jamais fêter son anniversaire.

« 98 »

Dis papa, pourquoi...?

La nouvelle interface du Petit Larousse, c'est moi !

« Papa ?! Pourquoi le monsieur y fait du vélo dans le 'gasin ?! C'est PAAAAS bien ! Hein papa !?!
– Euh… non ma chérie. Il a le droit.
– Pourquoiiiiiiiiii ?
– Parce que ce n'est pas un vélo… C'est un fauteuil roulant.
– Pourquoiiiiiiiiii ?
– Parce que le monsieur ne peut pas marcher.
– Pourquoiiiiiiiiii ? Il est fatigué ?
– Non. Parce que le monsieur est handicapé. Ses jambes ne fonctionnent pas… Voilà voilà…
– Pourquoiiiiii ?
– OH MAIS DIS DONC ! TU AS VU CES NOUVELLES CÉRÉALES MICKEY ?! »

Bien entendu, je vous laisse imaginer le volume sonore particulièrement contrasté de cette discussion. Très fort pour ma fille et chuchoté pour la partie qui me concerne. Le tout au milieu d'une foule de clients avides de voir comment j'allais me sortir de cette situation délicate. **Grand moment de solitude qui en précède malheureusement beaucoup d'autres...**

Les very bad ideas

- Mentir à votre enfant (grâce à son radar à mensonges, il le saura instantanément).
- Lui dire « parce que c'est comme ça et pas autrement ».
- Lui murmurer d'un air menaçant : « *You don't want to know* » comme un Ray Donovan mal embouché.

LES QUESTIONS AUXQUELLES VOUS DEVEZ VOUS ATTENDRE

- ☆ Et si tu meurs, qui c'est qui va m'amener à l'école ?
- ☆ Pourquoi il est bleu, le monsieur (en désignant un Noir dans le bus) ?
- ☆ Variante : pourquoi elle est sale, la dame ?
- ☆ Pourquoi tu as un gros ventre comme maman ? Tu attends aussi un bébé ?
- ☆ Pourquoi la Terre tourne ?
- ☆ Pourquoi ça sent mauvais quand on pète ?

Que faire ?

Dans tous les cas, **évitez de botter en touche** genre « j'ai pas le temps de te répondre » car vous risquez un jour de vous reprendre la question en pleine poire, avec une magnitude 7,8. Si vous le pouvez, **faites une réponse simple,** brève et claire. Sinon, demandez un délai de réflexion et respectez-le. **Si le sujet est archisensible** et vous rend mal à l'aise, proposez au petit curieux d'aller à la médiathèque ou dans une librairie acheter un livre sur la question… et faites-le.

‹ 99 ›

Prêt pour un autre bébé ?

Avec un bras pour chaque, ça devrait le faire !

“ Étant le dernier enfant d'une fratrie de six, j'ai forcément une certaine idée de ce que représente le fait d'avoir des frères ou des sœurs. De fait, j'aimerais que notre fille ait cette chance à son tour. Ce qui tombe bien, c'est que ma femme partage le même souhait.

Malgré tout, envisager un autre enfant suscite chez moi quelques questions. Vais-je avoir suffisamment d'amour à partager entre mes enfants ? Notre fille ne va-t-elle pas souffrir de ne plus être la seule ? Pourrons-nous subvenir financièrement à tout ce que cela engendre ? Et, si c'est un garçon, vais-je savoir l'élever ?

Bref, tout un tas de questions qui peuvent paraître un peu idiotes, mais qui reposent sur un seul et unique souhait : **vouloir donner à cet éventuel autre enfant les mêmes chances qu'au premier.**

Chérie…
on se lance ? ”

Amour partagé ou amour démultiplié ?
Ne vous inquiétez pas, vous aimerez ce nouveau bébé autant que le premier car – scoop pour clore en beauté ce merveilleux bouquin – le cœur des papas grossit comme le ventre des mamans. Par contre, il ne dégonfle pas après la naissance, bien au contraire !

POURQUOI C'EST ENVISAGEABLE ?

☆ Vous avez déjà basculé du côté obscur de la force et vous êtes organisé en conséquence.

☆ Vous savez ce qui vous attend : les nuits en pointillés, le bazar ambiant, le sexe proche du néant…

☆ Ayant déjà vécu ça, vous serez forcément plus zen.

☆ Vous aurez encore plus de bisous, de câlins…

CE À QUOI IL FAUT VOUS ATTENDRE

☆ Une nouvelle et (très) longue pause dans votre vie sociale.

☆ Une nette amélioration de vos talents de jongleur entre le boulot, la maison et deux enfants à qui vous voudrez forcément accorder la même attention.

☆ De nouvelles dépenses : un nouveau logement, une nouvelle voiture (?)… Par contre, pour le matos bébé, c'est déjà fait !

Comment faire passer la pilule ?

- Annoncez-lui vous-même la grande nouvelle.
- Attendez que la grossesse soit bien avancée (9 mois c'est long pour un petit).
- Montrez-lui d'autres nouveau-nés.
- Faites-lui toucher le ventre de sa maman pour qu'il sente les coups de pied du bébé.
- Montrez-lui des photos de lui bébé et parlez-lui de sa naissance.

‹ 100 ›

En conclusion, être papa, c'est…

« Comme il est difficile de définir ce qu'être papa représente ! **Il y a d'ailleurs probablement autant de définitions que de pères !** Mais, avec mes quelques années d'expérience, j'ai l'impression que cela consiste à jongler en permanence avec ses émotions. Que c'est une succession de choses et de leur contraire.

Être papa, c'est transmettre mais c'est aussi apprendre. C'est découvrir la fatigue extrême et l'énergie décuplée. C'est donner beaucoup et recevoir au centuple.

Être papa, c'est saisir le véritable sens de certains mots comme responsabilité, bonheur, angoisse, fierté…

Être papa, c'est comprendre, enfin, ses propres parents.

Être papa, c'est tout mettre en œuvre pour assurer une seule et unique mission : celle de donner à son enfant les meilleures armes pour qu'il puisse affronter l'avenir sereinement.

Ça met la pression, n'est-ce pas ?
Mais non, il ne faut pas. Vous pouvez vous détendre car, croyez-moi, il n'y a rien de mieux qu'être papa. »

Et buiiii êteuu Pawa, chai auchi une twès bonne echuse pou un concou de paaler chawallooow !
CHAMALLOW

Crédits iconographiques

© Fotolia : ©fanfan30, p. 4, p. 18 ;/©Sven Maaßen, p. 19 ;/©Jan Engel, p. 23 ;/©fanfan30, p. 23, p. 78, p. 91 ;/©Sven Maaßen, p. 203, p. 222.
© Thinkstock : ©johavel, p. 5 ;/©Veronichka, p. 7 ;/©andegro4ka, p. 10 ;/©colematt, p. 14 ;/©grmarc, p. 14 ;/©Dikaya, p. 41 ;/©sekerlili, p. 43 ;/©andegro4ka, p. 66 ;/©plutofrosti, p. 67 ;/©Vmelinda, p. 68 ;/©Dikaya, p. 69, p. 83 ;/©sekerlili, p. 84, p. 85 ;/©leremy, p. 101 ;/©Alexandre Leninovic Aisenstadt, p. 103 ;/©honoka-illust, p. 109, p. 116 ;/©johavel, p. 119 ;/©honoka-illust, p. 128 ;/©Dikaya, p. 137 ;/©©Linda Mcnally, p. 139 ;/©©johavel, p. 141 ;/©©leremy, p. 142 ;/©©Vmelinda, p. 146 ;/©colematt, p. 147 ;/©leremy, p. 152 ;/©la_puma, p. 157, p. 158 ;/©Veronichka, p. 159, p. 169, p. 170, p. 183 ;/©honoka-illust, p. 186 ;/©Veronichka, p. 191 ;/©shelmal, p. 202.
© Shutterstock : ©holy_moly, p. 4 ;/©Tatiana_Kost, p. 4 ;/©Goodreason, p. 4 ;/©Tatiana_Kost, p. 5 ;/©Eva Daneva, p. 5 ;/©Lyudmyla Kharlamova, p. 5 ;/©Matthew Cole, p. 6 ;/©vectorgirl, p. 6 ;/©Kaliaha Volha, p. 6 ;/©Eva Daneva, p. 7 ;/©Lyudmyla Kharlamova, p. 7 ;/©Natalia Skripko, p. 7 ;/©Tomacco, p. 7 ;/©Ola-ola, p. 11 ;/©Eva Daneva, p. 11 ;/©Tatiana_Kost, p. 15 ;/©Pedro Nogueira, p. 15 ;/©Tatiana_Kost, p. 16 ;/©Macrovector, p. 17 ;/© Eva Daneva, p. 20 ;/©Ziven, p. 20, p. 21 ;/©tovovan, p. 22 ;/©holy_moly, p. 25 ;/©dovla982, p. 26 ;/©Evellear, p. 28 ;/©advent, p. 29 ;/©Millisenta, p. 30 ;/©John Smith Design, p. 31 ;/©Eva Daneva, p. 33 ;/©Elinalee, p. 33 ;/©Goodreason, p. 37 ;/©Macrovector, p. 37 ;/©Sergey Mastepanov, p. 39 ;/©Melinda Varga, p. 42 ;/©mart, p. 45 ;/©Julia-art, p. 49 ;/©GO BANANAS DESIGN STUDIO, p. 49 ;/©Voysla, p. 50 ;/© Vatykach Nataliia, p. 51 ;/©Nikiteev_Konstantin, p. 51 ;/©Dima Groshev, p. 53 ;/©M. Stasy, p. 53 ;/©Eva Daneva, p. 55 ;/©nikolae, p. 55 ;/©snapgalleria, p. 57 ;/©Tatiana_Kost, p. 57 ;/©Goodreason, p. 58 ;/©Nataliya Dolotko, p. 59 ;/©Eva Daneva, p. 62 ;/©Macrovector, p. 63 ;/©gst, p. 64 ;/©Macrovector, p. 65 ;/©Macrovector, p. 69 ;/©Ziven, p. 72 ;/©solar22, p. 73 ;/©Miguel Angel Salinas Salinas, p. 74 ;/©Doem, p. 75 ;/©infoland, p. 75 ;/©Tatiana_Kost, p. 77 ;/©keko-ka, p. 77 ;/©Tatiana_Kost, p. 79 ;/©Lyudmyla Kharlamova, p. 80, p. 81 ;/©AtthameeNi, p. 82 ;/©Cindy Lee, p. 83 ;/©ottoflick, p. 86 ;/©Peratek, p. 87 ;/©Ziven, p. 89 ;/©pink pig, p. 90 ;/©Natalia Skripko, p. 93 ;/©Tatiana_Kost, p. 93 ;/©Eva Daneva, p. 94 ;/©keko-ka, p. 95, p. 97 ;/©onot, p. 99 ;/©Tatiana_Kost, p. 102 ;/©Eva Daneva, p. 106 ;/©file404, p. 107 ;/©Natalia Skripko, p. 108 ;/©Voysla, p. 110 ;/©Macrovector, p. 111 ;/©Popmarleo, p. 111 ;/©Vectomart, p. 112, p. 113 ;/©Ariros, p. 115 ;/©Vectomart, p. 115 ;/©keko-ka, p. 117 ;/©Eva Daneva, p. 118 ;/©Callahan, p. 123 ;/©Eva Daneva, p. 126 ;/©Elinalee, p. 127 ;/©Lyudmyla Kharlamova, p. 129 ;/©Natalia Skripko, p. 131 ;/©keko-ka, p. 132, p. 133 ;/©Tatiana_Kost, p. 135 ;/©carla castagno, p. 136 ;/©Eva Daneva, p. 138 ;/©keko-ka, p. 141 ;/©Betacam-SP, p. 143 ;/©keko-ka, p. 148 ;/©jazzerup, p. 149 ;/©keko-ka, p. 150, 151, p. 152 ;/©Tatiana_Kost, p. 151 ;/©Lyudmyla Kharlamova, p. 153 ;/©Lorelyn Medina, p. 156 ;/©Stepan Gusiev, p. 162, p. 163 ;/©Tomacco, p. 165 ;/©jugulator, p. 166 ;/©Lyudmyla Kharlamova, p. 167 ;/©Eva Daneva, p. 169 ;/©HuHu, p. 170 ;/©Lyudmyla Kharlamova, p. 174 ;/©keko-ka, p. 175 ;/©Shai_Halud, p. 177 ;/©Peratek, p. 178 ;/©Vectomart, p. 179 ;/©ivelly, p. 182 ;/©Vectomart, p. 184 ;/©Voysla, p. 185 ;/©Vectomart, p. 187, p. 189 ;/©Muhammad Kamran Akhlaq, p. 190 ;/©abeadev, p. 191 ;/©The Last Word, p. 192, p. 193 ;/©Kaliaha Volha, p. 195 ;/©Vectomart, p. 196 ;/©Volkova Anna, p. 200, p. 201 ;/©Kaliaha Volha, p. 204 ;/©Nikitina Olga, p. 207 ;/©Matthew Cole, p. 207 ;/©vectorgirl, p. 208, p. 209, p. 210 ;/©Lyudmyla Kharlamova, p. 210 ;/©justone, p. 212, p. 213 ;/©Lorelyn Medina, p. 216, p. 217 ;/©Natalia Skripko, p.221.

Les Éditions Larousse utilisent des papiers composés de fibres naturelles, renouvelables, recyclables et fabriquées à partir de bois issus de forêts qui adoptent un système d'aménagement durable. En outre, les Éditions Larousse attendent de leurs fournisseurs de papier qu'ils s'inscrivent dans une démarche de certification environnementale reconnue.

PAPIER À BASE DE FIBRES CERTIFIÉES

LAROUSSE s'engage pour l'environnement en réduisant l'empreinte carbone de ses livres. Celle de cet exemplaire est de : 1,4 kg éq. CO_2 Rendez-vous sur www.larousse-durable.fr

ISBN : 978-2-03-600947-9

Imprimé en Espagne par GRAFO – Dépôt légal : août 2021
323492/01 – 11047143 – juillet 2021